友谊的故事

纪念中意建交 50 周年文集

主　编：汪惠娟
副主编：吴炜灿

五洲传播出版社

图书在版编目（CIP）数据

友谊的故事：纪念中意建交50周年文集/汪惠娟主编. -- 北京：五洲传播出版社，2020.12
ISBN 978-7-5085-4544-8

I. ①友… II. ①汪… III. ①中外关系－国际关系史－意大利－文集 IV. ① D829.546-53

中国版本图书馆 CIP 数据核字 (2020) 第 258932 号

友谊的故事：纪念中意建交 50 周年文集

出 版 人	荆孝敏
责任编辑	秦慧敏
装帧设计	北京原色印象文化艺术中心
出版发行	五洲传播出版社
地　　址	北京市海淀区北三环中路 31 号生产力大楼 B 座 6 层
邮　　编	100088
电　　话	010-82005927，010-82007837
网　　址	http://www.cicc.org.cn　http://www.thatsbooks.com
印　　刷	中煤（北京）印务有限公司
版　　次	2020 年 12 月第 1 版　2020 年 12 月第 1 次印刷
开　　本	145mm×205mm　1/32
印　　张	6.5
字　　数	130 千字
书　　号	ISBN 978-7-5085-4544-8
定　　价	56.00 元

致　辞

今年是中华人民共和国与意大利共和国建交 50 周年，是一个值得纪念的年份。对于中意两个有着悠久历史的文明古国而言，50 年仅仅是弹指一挥间，但中意关系却在这段时间取得了前所未有的飞跃，有着不同寻常的意义。

50 年来，两国跨越地理上的距离，超越政治制度、历史文化背景和经济发展水平等方面的差异，相互尊重，平等相待，形成成熟稳定、互利共赢的关系。两国经济、社会、文化联系日益紧密，相互理解和欣赏显著提升，民间互动前所未有。双方从彼此陌生到逐步了解、再到深化合作，让两国人民得到实实在在的利益，无疑也有利于世界的和平与稳定。

中意建交 50 年成就可喜可贺。良好的双边关系来之不易，离不开两国政府的持续努力，也离不开社会各界的广泛参与和支持。在这个文集中，我们可以了解到两国关系发展中的一些重要成果，也可以看到中意友好合作的见证者、参与者和贡献者的回忆和讲述。这让我们有机会深入到两国友好交往的进程中，感受其真实的脉动，领会其独特的意义。

回顾中意交往史，人们会感悟到，两国关系之所以有今天的景象，首先是由于两国政府始终坚持和平发展合作共赢的方向，坚持不懈地寻找共同点，妥善处理分歧；其次是两国各界积极支持，不同层次、不同领域的交往持续深入；再次是共同扩大两国民间的交往，传承和深化传统友谊，促进民间的相知相亲。如今，中意友好已经深深扎根在民间，具有强大的活力与创造力，拥有美好的前景。

今天中意关系的良好局面是一代一代人经年努力的结果，顺应历史进程，造福两国人民。面向未来，我们充满期待，也相信会有更多的朋友关注并参与两国友好事业，让中意友谊与合作继续结出更多硕果。

李军华

中华人民共和国驻意大利共和国特命全权大使

兼驻圣马力诺共和国特命全权大使

2020 年 9 月

序　言

2020年是中意建交50周年。50年来，双方友好关系不断发展。2004年，两国建立全面战略伙伴关系。2019年，习近平主席成功访意，两国签署"一带一路"合作谅解备忘录，为中意友好注入新动力。今年新冠肺炎疫情肆虐，中意守望相助，同舟共济，携手抗疫，谱写人类命运共同体新篇章。

中国驻米兰总领事馆于1985年设立，至今已有35年。领区涵盖伦巴第、威尼托、皮埃蒙特和艾米利亚·罗马涅4个大区，经济总量和人口接近全意一半，中资机构、华侨华人和留学生超过全意一半。双方友好交往和务实合作在两国关系中占有十分重要的位置。

历史上，马可·波罗和郎世宁等先贤就将威尼斯和米兰与中国联系在一起。半个多世纪以来，科伦坡和南尼等有识之士同中方共同致力于发展双边关系。近年来，中意众多友好人士大力推动各领域交流合作。志合者，不以山海为远。两国友谊源远流长，根深叶茂，硕果累累。

50年，是一段难以忘怀的时光，是一个承前启后的里程碑。为了纪念中意建交50周年，回顾历史，畅叙友情，展望未来，我馆邀请一些朋友、同仁撰写文章并编辑成书。他们从不同角度叙写、抒怀，见仁见智，他们是千千万万中意友好推动者的代表，他们的故事是中意关系方方面面的写照。谨以此书献给大家。

中华人民共和国驻米兰总领事馆
2020年9月

目 录

致 辞	李军华	
序 言	中华人民共和国驻米兰总领事馆	
致敬中意友谊	张利民	01
彼得罗·南尼时期与今天的中国	白达宁	04
当意大利向中国提供首笔贷款时	沛纳海	10
爱上中国的时尚先生	马里奥·波塞利	20
中意建交50年与意中商会50年	皮耶路易吉·斯特莱巴拉瓦	24
50年前起步的征途	玛利亚·罗莎·阿佐莉娜	27
阿斯蒂市长的来信	毛里齐奥·拉赛罗	37
50年的中意关系在"一带一路"中达到高潮	斯特凡诺·韦诺勒	42
人们心中的一个大国	安德烈·费	56
丝绸之路从帕多瓦再出发	朱斯婷娜·戴斯特罗	65

中国银行助力中意经贸合作发展	姜　煦	69
用足球架起中意合作桥梁	张康阳	74
从通用集团看中意经贸发展	朱震敏	82
华为与意大利的故事	缪晓阳	86
中远海运在意大利	胡华、奥古斯都·考斯里奇	93
一项成功的空间科技合作	法比奥·洛卡	104
搭建彼此了解的桥梁	兰珊德	111
"东方闪耀的光" ——1995-2020年我的经历和展望	傅马利	118
人必有痴，而后有成	李雪梅	126
旅意中国留学生二三事	夏涌奇	142
积极融入、和谐共处	斯特凡诺·迪·马蒂诺	151
米兰侨界为推动中意文化交流不遗余力	周建煌	159
一个华人家族的意大利故事	孙俊杰	165
50年的友谊，连接历史，通向未来	吴柏清	171
心中的家	章琰悦	178
我们的中国：1967-2017	安德烈·毛里齐	183

致敬中意友谊

— 中国驻米兰前总领事 —
张利民

中意建交 50 周年在即，我思绪万千，感慨良多。在意大利学习、工作和生活的往事历历在目，记忆犹新。

意大利是欧洲国家中与中国建立外交关系比较早的国家之一。建交后，两国关系进入了全新的发展阶段，深耕厚植、硕果累累。特别是两国建立全面战略伙伴关系以来，双边关系发展进入快车道，使得源远流长的中意传统友好历久弥新。

从 1973 年到意大利留学开始，我多次在中国驻意大利大使馆和驻米兰总领事馆工作，累计长达二十几年，在此期间的亲身经历使我对中意友谊有了深刻的感受。

首先，两国之间的交往深深地植根于厚重的历史积淀中，在历史传统、风俗习惯、饮食文化、家族观念等方面，有着太多的共同点和相似点。意大利人像中国人一样热情好客，很容易交朋友。在意大利的长期工作中，我广泛交友，上至国家元首，下至平民百姓，各界都有我的朋友。他们给予我的帮助，是人生中值得珍重的宝贵财富。比如，有一位与我推心置腹的意大利朋友，他对中国怀有真挚的情谊。凡发生了涉及华侨的事件，他总是亲临现场帮助解决，无论昼夜，有时甚至要驱车一百多公里。全心全意为华侨华人提供帮助，使他赢得了广大华侨的赞扬和尊敬。我与他至今保持联系，有着长久的友谊。

其次，意大利包容性很强，在欧洲国家中，意大利对中国的认同感很高。华侨华人勤劳朴实，安分守己，在意大利民众中的口碑极好。旅意华侨大部分集中在中北部地区，大多在餐饮业、服装工厂、贸易商城和小商品商店等领域工作。我在米兰总领事馆工作时期的重点是做好侨务工作，其中领事保护占有重要分量。为此，我与各地的侨团和侨领建立并保持密切的联系，力所能及地帮助他们立身、发展。我走访各地，进行考察调研，积极协调大区和市级地方政府解决华侨工作和生活中遇到的困难和问题，鼓励他们积极融入当地社会，与当地民众和睦相处。我的努力取得了良好成效，我对此感到欣慰。

在意大利期间，我结交的每一位朋友，无论意大利人还是华人，都值得我珍惜；我走过的每一个地方，都令我怀念；我和许多侨领是交心的朋友，至今对当年的一些重大事件仍然留有愉快的记忆，我们经常晤面，共同回忆当年的交往和友情。总之，我在意大利度过的美好时光终生难忘。

我与意大利这几十年的交往，是一段难以忘怀的记忆，它塑造了我的前半生，让我获益匪浅，终生引以为傲。我既是中意两国友好合作关系发展的参与者，又是中意友谊的见证人，连续几十年参与两国关系平稳发展的历程，对于我是一种莫大的荣幸和幸运。

中国和意大利是东西方文明的杰出代表，两个古老文明的交流融合，深刻影响着人类的文明进步。中意友谊地久天长，会一代又一代传承下去，传统友好合作关系必将永久持续发展下去。

谨以此心绪和心愿纪念中国和意大利建立外交关系50周年。

彼得罗·南尼时期与今天的中国

—— 意大利前驻华大使
白达宁

一

1955年,时任意大利社会党书记彼得罗·南尼应邀访问中国北京,拜会了毛泽东主席和周恩来总理。当时只有极少数意大利人能有机会拜会毛主席。

南尼为促进意大利承认中华人民共和国发挥了首要作用。罗马当时认为,中国的战略是"只在本国"建设社会主义,对支持海外的"社会主义和共产主义运动"、发动海外工人阶级不感兴趣。诚然,中国共产党专注于重建面临巨大经济社会问题的本国,而不去干涉遥远且制度不同国家的内政。

1971年11月,年迈且没有任何政治职务的南尼重返中国。他在事后的叙述中精辟地提到,这是一趟追忆之旅。此访成行于中国重返联合国的几周后。南尼以一个"老朋友"的身份,与周恩来总理进行了长时间的交谈。他向周总理讲述了把中国成功推进联合国过程中的一些细节，周总理也真诚地感谢这位意大利客人的鼎力相助。

南尼的日记展示了遥远过去的点点滴滴，编织出与现在截然不同的景象。意大利刚从二战战败中走出，面临国际环境及国内政治等客观条件的制约，但在国际舞台上十分活跃。意大利活跃的背后，我们看到了一个多元的世界。里面有很多更小的国家、利益团体，不顾联盟与封锁的冷战逻辑，开展各种政治活动。无须惊讶，总会有敏锐、勇敢的政治家涌现出来，他们的成绩总会出类拔萃。

说回中国，20世纪50-70年代我们就可以预测中国的国际影响力注定要变大，虽然它在当时依然较小。北京将视野停留在亚洲，同时也小心地运筹与美国和苏联的地缘战略关系，因为彼时美苏都围绕自己的战略目标，打与中国结盟的牌。

南尼1955年和1971年的两次中国之旅具有标志性意义，意左派从此认识到中国社会主义模式与苏联不同。那时意社会党的政治立场与中国相近，反对世界分为以美国和苏联为首的资本主义和社会主义两个对抗的阵营，支持世界多极化。南尼明确表示希望毛泽东的中国、尼赫鲁的印度、铁托的南斯拉夫、纳赛尔的埃及、苏加诺的印度尼西亚能够兴起，他还支持1955年在印度尼西亚万隆会议上提出的不结盟运动。

友谊的故事——纪念中意建交50周年文集

第一次中国之旅后,南尼成为意政坛的主角。他于1963-1968年担任副总理,1968-1969年担任外交部长。在当时最大党派天主教民主党的支持下,他推进与中国建立外交关系并推动中国加入联合国安理会,一方面是向美国盟友展示此事的紧迫性,其次也有助于加深他与中国周总理的良好关系。《意大利议会1969年7月关于中国进入联合国的决议》标志着他在这条道路上努力的成果。

从2019年出版的南尼日记中可以看到,他坚信不久的将来,世界两极化的局面将会被打破,中国会在国际上占据中心地位,开辟一条通向前所未有的世界政治、经济和军事多极化的道路。

在与毛泽东和周恩来的对话中,南尼得以了解中国坚持政治对话、维护和平、发展平等互利政治经济关系的立场。

二

当今局势已完全改变,中国在政治上和经济上不断壮大,由此重归历史上曾有的国际地位。领导集体也因高速经济增长、为无数以农民为主的贫困人口带来福祉而巩固了合法执政地位。

相比于大西洋诸国，多年来美国与亚太国家耕耘更为广泛和重要的经济关系。今天，世界的地缘经济重心逐渐转向东方，中国就是这个重心的中心。说到这儿，我们就可以回过头去感受南尼，去体会半个世纪前的历史事件对当今中国以及对中意、中欧关系的影响。

中国如今是一个巨人，在各个领域刷新纪录：2019年的GDP达到14.4万亿美元，占世界的17%；是150多个国家的最大贸易伙伴；是世界最大制造国，占世界的26%；消费市场增长最快，是全球第一大线上消费国，2018年达1.3万亿美元；2019年在世界知识产权组织（WIPO）《专利合作条约》（PCT）框架下国际专利申请量达58990件，首次超越美国，跃居首位。

创造就业和发展经济仍是中国的头等大事。中国的崛起植根于人民的勤奋、乐观主义以及将规划、创新和经济领导力相结合的政治经济体系。

凡事都有代价，快速发展也破坏了环境，如今政府正坚决地加以纠正。据联合国统计，近40年来中国有8亿人口脱贫，但贫富差距仍悬殊。领导集体十分努力地扩大政府在养老、健康、教育等领域的社会覆盖，同时应对可能的通货膨胀和竞争力下降。据最新分析，经济增长降速提质成为中国的首要课题之一。最后，中国将来还不可避免地要处理国家与公民关系的不同的发展动态。

三

在外交政策上,中国经过评估,没有选择与美国以G2的方式进行全球治理,而重申其传统目标:反霸权、支持多极化。这两个巨人既是经济伙伴,同时又是地缘、技术竞争对手,其中分歧和共同利益以多种方式交织在一起。所以说,没有理由感到悲观。

根据古希腊历史学家修昔底德悲观的逻辑,中国软硬实力的增长终有一天将导致与美国的冲突。实际上,这些都是故意制造的论调。值得指出的是,即便拥有确保相互摧毁的能力,中美之间的利益也不一定是零和。两国虽存在一些政治和体制分歧,但也可以同时生存和繁荣,公平地让步而不冲突。此外,将来其他国家也会发出自己的声音,这个星球将越来越像一个乐队,只不过有一些国家的声音更响亮。

四

中意享有广泛的共同利益,没有实质分歧。理论上,这种文化的接近能够为两国带来巨大利益。特别是可以利用这些巨大优势,让经济关系再创新高。

中国在2001年12月加入世界贸易组织后充分进入欧美富裕市场,西方大型企业也大幅增加在华投资。

中意早在 2004 年就签署了全面战略伙伴关系，在此基础上，两国实施互惠互利政策。

中国对意大利经济的重要性日益提高，已成为继德、法、美之后的第四大贸易伙伴，贸易额超过 460 亿欧元。中意两国政府将本着友好互信的精神，采取共同的政策发展平衡的经贸关系。

当意大利向中国提供首笔贷款时

—— 克拉斯传媒 CEO ——
沛纳海

  1978 年 12 月,即中意建交第八年,意大利代表团出访中国,任务是完成贷款签约仪式。意大利虽然不是欧洲最富有的国家,却是世界第五大经济强国。中国当时人口超 10 亿,大部分人的生活水平处于绝对贫困线以下,中国需要支持。意外贸部长里纳尔多·奥索拉(访华的数月前曾是杰出的意大利银行行长)真不愧是央行的大银行家,想出一个高招:意大利应该成为第一个向刚刚开放的中国提供重要经济援助的西方国家。这是西方国家向东方大国提供的首笔贷款,总金额相当于今天的 15 亿欧元。贷款方式为备用贷款,即中方可以在每次需要购买意产品和技术的时候提取。这一壮举成为两国友好关系的一个基石。

  我们受到中方的热情款待,他们先给奥索拉部长、代表团成员和几名记者端上绿茶。接着是双方庄严致辞和友好寒暄,就像今天在各个场合和中国人进行非官方会晤一样。这是他们表达友善和智慧的传统,是五千年文明历史

当意大利向中国提供首笔贷款时

—— 沛纳海 ——

的传承,只有凭借友谊才能随着时间的推移做好生意。中国政府为表达对我们的友谊和尊重,还慎重选择了招待地点用来招待尊贵客人。那是一幢由非常精致的古建筑改装的宾馆,前身为缅甸驻华大使馆。这种环境对我们来说是一种缓冲和过渡,无论是与我们离开罗马时的绿意盎然相比,抑或与从机场出来后除了到处可见的"四个现代化"标语外的一路空旷相比,还是与那些被酒红色院墙严实包围难以窥秘的大院相比都不太突兀。前缅甸驻华大使馆展现出这个多姿多彩的亚洲国度独有的优雅。让我们感到兴

友谊的故事——纪念中意建交50周年文集

奋的，还有畅行在北京宽敞街道上的自行车流和少量的汽车。因寒冷而显得灰蒙蒙的公园里，男女老少成群结队，为保持身心健康，专注地做着充满节奏感的日常体操——太极拳。

且不说中国政府对这笔贷款非常热情，许多向中国国企（那时只有国企）供货的意大利企业也从中获益，比如菲亚特公司。后来成为意大利外交部长的苏珊娜·阿涅利就是代表团一员，她是菲亚特董事长乔瓦尼·阿涅利的妹妹。苏珊娜在出访期间非常活跃，为了避免那些装有发给中国样品的货柜空箱返意，她试图塞满中国的好东西。她不仅去外国人可以购物的屈指可数的友谊商店，还会去独具特色的古董店。

对我和代表团其他人来说，能在友谊商店买到做工精良的羊绒套衫实在是令人兴奋。它触感极为柔软，带有美丽的中文标签，还用英文字母标注"纯羊绒""中国制造"。每米价格仅为少许人民币的羊绒面料，与意驻华大使马尔科·方济曦身上夹克和大衣的羊绒面料一模一样。我们与奥索拉部长一起散步时观察了许多不向外国人开放的商店橱窗，饶有兴趣地通过自行车价格探究中国当时的经济模式。一辆自行车价格相当于一个中国人几年收入。中国人怎么会有如此大的毅力去存钱，并坚信有一天能买得起一辆自行车呢？因为当时中国没有官方的通货膨胀，价格年复一年不变，尤其是自行车。自行车是当时人们可以拥有的唯一交通工具,帮助人们每天从家到工作单位。中国人知道每存一分钱,离买得起自行车就更近一步。奥索拉部长是外汇市场、国际经济和金融制度领域的专家,基于在国际货币基金组织领导层长期工作的经验,他立即想到:从通货膨胀的角度来讲,中国似乎是一个理想的国家,但通货膨胀也是一把双刃剑:太高会损害经济和储户,太低或没有则意味着经济不增长。他回忆起几年前的上司意大利银行行长古伊多·卡尔利曾自我定义为"跟趾先生"。后来后者作为财政部长签署了《马斯特里赫特条约》,这一条约至今仍治理着欧盟。跟趾动作是拉力赛驾驶员的操作技巧:赛车手根据赛道是直道还是弯道用同一只脚的脚跟和脚趾加速或刹车。为抑制通货膨胀需要刹车,为使经济增长则需要加速。

  整个"文化大革命"期间,中国经济增长的概念被尘封。奥索拉部长说,如今经济社会关系启动,开拓了新的视野。在邓小平的领导下,中国为了人民福祉放眼长远。出访中国的第二天,奥索拉部长首次与中国外交部长黄华举行会晤。会晤不需商讨贷款问题,因为通常代表团在出发之前,双方"手下工作人员"就已经做好准备并检查完所有必要事宜。代表团在协议确定后方才出发,经常还会留下一些协议附录或成果等内容待最终敲定。比如赔偿问题,对一笔金额巨大且意义重要的贷款尤为如此。会谈结束时,奥索拉的秘书长,总是面带微笑、年轻的维托里奥·巴拉特利通知记者,会谈气氛

融洽、卓有成效。意大利企业家非常高兴,接下来只等签署协议,出访就圆满成功。

另外还有一件极为机密的事情。从罗马出发时就有传言,邓小平可能在故宫招待奥索拉部长。第二天晚上,中国外长宴请我们。按照等级,我是代表团里唯一上桌的报社主编(来自意大利首家政治经济周刊《Il Mondo》),坐在当时新华社总编旁。新华社是中国新闻系统的中枢,当时已在好几个西方国家设有通讯处。我们的交谈很有趣,就中意的新闻体系及两国的政治经济形势交流各自的看法。中餐很美味,用筷子而非刀叉。新华社总编现场教学,因此我未有任何不便。晚宴在愉快的氛围中进行着,突然上来一碗浓汤。看着汤里漂着的几块难以辨认的肉,在座的意大利人都有些不安。新华社总编的话让大家几乎跳了起来,至少我是如此。他解释说这道汤是真正的美味,是用鲨鱼鱼肚做的。汤是好喝,但是难以消除我们对鲨鱼的恐惧心理。

幸运的是,杯中的茅台酒总是满的,用高粱蒸馏酿取的白酒以极高的酒精浓度中和了我们心理的不适。也许食物不仅代表味道,也象征规格。只有方济曦大使和使馆其他意方官员对那碗汤异常兴奋,他们知道它是如何珍贵,能喝上它是多么荣幸。在那次晚宴中无须担心喝多,尽可以频频举杯,享受美酒。今天许多意大利人都知道,这不是一种简单的举杯助兴,而是一种特殊的祝酒形式。干杯时需将杯中酒饮尽,并用果断的手势将酒杯举高至脑门以显示杯子确实干了,一滴不剩。那是一次具有三重意义的祝酒,因为当时正式获悉邓小平非常欣赏奥索拉部长代表意大利提出的贷款项目,决定在故宫接见他。

与邓小平的会面可能有两次,但我们只了解一次。那是访问北京的尾声,整个代表团得以踏过故宫的门槛。在金融贷款、产品和技术的转让面前,中国政府也给予很多回馈,比如向意国家航空公司——意大利航空(Alitalia)提供几个起降时段。奥索拉和中方都认为,只有通过两国人民稳定和密切的交流,两个古老国家才能真正恢复关系并建立新友谊,创造新财富。遗憾的是,因为种种原因,意大利航空未能利用那些起降时段。幸运的是,另外两家中国公司,中国国际航空公司和中国东方航空公司在这几年满足了两国之间不断增长的往来需求。在踏入故宫之前,代表团成员品尝了中国最具特色的菜肴之一,用"难以忘怀"来形容都显逊色。巴拉特利秘书长几乎把那家历史悠久、与菜肴同名的餐厅"北京烤鸭"订满了。吃烤鸭是一次非凡的体验,不仅因为可享用卷在薄饼(比意大利饼薄多了)里的香脆的鸭皮、松软的鸭肉、小葱丝和酱融合而成的美味,还因为能看到高超的片切鸭肉技艺表演,真可谓智慧与文化的缩影。像中餐和意餐这样的高档菜式,代表和凝练了传承千年的文明。

越来越多的中餐馆在意大利生意兴隆,越来越多的意

友谊的故事——纪念中意建交50周年文集

大利餐厅深受中国人喜爱,这绝非偶然。融合会使双方各取所长:比如说意大利葡萄酒,还有意大利面(spaghetti,在中国则有面条 noodles)。食物注定会团结不同的民族,也不难预想邓小平就是位美食家。他热爱家乡四川那全世界最辣的美食。在会见这位中国领导人之前,奥索拉部长非常英明地决定尝试邓小平喜爱的菜式。不知道通过什么渠道,方济曦大使预订到邓小平最喜欢的、位于一座古老建筑里的餐厅,今天该建筑是北京一家俱乐部的会址。我们是在参观故宫前的中午去的,有几个人因为菜太辣而没能坚持到最后。但他们也感到不虚此行,因为参观了被称作是邓小平私人阅览室的地方。

为纪念这位中国也许是世界至关重要的老顾客,老建筑保留完好。在庭院的一旁,一扇大玻璃窗后边有一把扶手椅,邓小平正是在那儿阅读报纸,包括法国报纸《世界报》。他在加入共产党参加革命前曾在法国留学,期间学习了法语,并结识了后来的总理兼外交部长周恩来。为把中国从封建帝制中解放出来,他和周恩来都回国投身共产主义革命。可以说,那顿午饭就是走近邓小平的一次精心准备,让我们了解他家乡美食是如此爽口和辛辣,也让我们看到他喜欢在什么样的环境中阅读和思考。几个小时后就能在故宫里见到邓小平,对我们来说是极不平凡、难以想象的惊喜。

除了奥索拉部长、巴拉特利秘书长和方济曦大使被安排到接待最高级别外国政要的大厅,代表团其余的人都坐在大巴上等候。漫长的会谈不乏互表谢意的致辞,除了贷款还有友谊。交谈结束时,邓小平为了表达中国最善良、最友好的情谊,询问奥索拉他还可以做些什么。奥索拉出于对新闻的尊重,也为了给我们一个机会认识这位在中国历史变革中留下烙印的伟人,请求邓小平能否让我们也进来。还是因为级别,作为主编的我第一个进去,有机会用法语和邓小平交流。只有一个问题他说没法回答,我问当时中国的人口有多少。今天的中国采用最先进的技术解决了人口普查这一难题。

仍然铭刻在我脑海中并保留在一张照片里的是那张带白色衬套的扶手椅,邓小平坐在上面。前边是一张小圆桌,侧面则是来访者的扶手椅,后边是翻译的椅子。灰色的外衣,仍然乌油油的黑发,衬托出目光犀利的双眸。从中一点也看不出他在遭遇"文革"期间三起三落后所会有的沮丧。他曾说过许多有历史意义、能点亮人心的话语:贫穷不是社会主义;致富光荣;财富属于人民;市场经济不等于资本主义,社会主义也有市场,及那句最著名的"不管白猫黑猫,捉到老鼠就是好猫"。

这场经历对我意义非凡,自然在我生命中留下痕迹。此后我每次重返中国,或与中国人交谈,都会有新体会。我在米兰的针灸师陈医生,他在意大利给那些要做肝癌手术却不能忍受化学麻醉的病人用针灸麻醉,后来还在帕维

亚大学取得学士学位。20世纪60年代饥荒时，他说曾经有几个月没什么吃的，他和同学们喝水喝得肚子都快撑破了。要不是改革开放，成千上万的中国人会继续挨饿。

1981年，我重返中国。我们通过自己的周刊《Il Mondo》组织了50名企业家的代表团，由意大利工业联合会总经理保罗·萨沃纳教授带队访问。他是一位了不起的经济学家，师从卡尔利和奥索拉，如今是意大利证券管理委员会主席。邀请我们的是中国对外关系委员会（China Council for Foreign Relations）。从机场到市区的路上已经看不到"四个现代化"的标语了，取而代之的是一些产品广告，比如可口可乐。我们会见了中国人民银行（当时兼具中央银行和商业银行职能）行长；参观了几个月前仅向中国人开放、不接待外宾的宾馆。我们住在钓鱼台国宾馆，中国与美国总统理查德·尼克松开启两国关系大门的地方（源于乒乓外交）。代表团第一天进早餐时，有人点咖啡，有人要茶，有人要水果，有人要果酱，第二天早餐时就不用再点了，服务员特勤般的头脑已经记下我们所有的喜好。

从意大利汇来一笔钱，用于支付国宾馆费用。当我们去银行取款时，看到从未见过的场面：相当于70万里拉的人民币被10名工作人员一遍一遍地点，他们像玩乒乓球一样上上下下点了约半小时。后来我们参观了广东的一个城市，广东最早开放经商和进口，也最早建设经济特区。我们去的地方有一家人民银行分行，我和萨沃纳在那里开了账户。当时银行外头仍是大片泥地,人们住在稻草和泥土建造的房子里,旁边就是猪圈和鸡窝。邓小平的那些话在我脑海中回荡:"贫穷不是社会主义……"没有改革开放,中国可能还处于饥贫中。意大利的那笔贷款,也是西方世界第一笔贷款,对中国具有重要意义,中国朋友不会忘记。那时意大利仍处于自70年代以来的严重危机中,但也只有像意大利这样拥有类似中国千年文明的国家,才能从物质和精神上推出如此重要的举措。那是一座永恒的桥梁,连接了两个历史长久的国家。意大利人和中国人都认为,应该维护这座桥梁,并沿着它不断前进。今天,意大利和她的人民更需要中国的资本和技术,中国与生俱来的优雅能给意大利最重要的时尚行业注入创新元素。意大利和她的人民需要向中国出口,因为中国人越来越喜爱意大利产品,不仅包括时尚用品,还包括高品质葡萄酒和食品,从特级初榨橄榄油到洋蓟和茴香根这些中国还买不到的蔬菜。当然,我们也需要从中国进口。中意要一直坚持正确方向,加强双方关系。意大利人口只有中国广东省的一半,中国已成功将其14亿人口转化为优势。

爱上中国的时尚先生

——— 意中协会主席
马里奥·波塞利

40年来,我一直怀着极大的热情往返中国。1978年,改革开放之初,我第一次踏上中国的土地。我最初是一名企业家,随后担任国际丝绸协会主席、佛罗伦萨碧提宫主席、意大利时尚协会主席和意中协会主席,多年来以这些身份频繁访问中国,时至今日,平均每年大概去4到6次。我希望能有机会尽快重返中国。正是因为这些从未间断的中国之旅,我得以看到这些年中国难以置信的变化。

在150多次前往中国的商务旅行中,我看到中国的发展不仅仅有量变,最近还有令人钦佩的质变。中国正从"世界工厂"转变成"未来实验室",在各个领域推陈出新,诞生了新的生活方式和新的行为规范。即便在这个经济危机和地缘冲突并存的艰难历史时刻,铁一般的数据也证实中国是充满希望的国家,世界的复苏正是从中国开始。

为了成功,如今受新冠疫情影响的企业比以往任何时候都更需要搁置争议、致力合作。为了使这种合作发挥效

——— 与成都市副市长刘攸柳合影 ———

果,我们需要相互了解。我去过中国太多次,有些已经记不清楚了,但每一次我都会发现一些新东西。我们说"中国"一词,所谓一千个人眼里有一千个哈姆雷特,每个意大利人眼里的中国都各不相同,因此需要进一步增进两国间的了解。只有这样,我们才能更好地理解彼此的关切和需求。通过人员往来、持续不断的展览、文化交流保持对话沟通才是正道。

如果我能回到过去,我也许会考虑搬到中国去住。因

—— 2017年6月14日在罗马与时任中共中央政治局委员、上海市委书记韩正（左一）交流

此我建议每个人，尤其是年轻人，即便不去中国生活，也应常去中国走走。因为透过中国"实验室"，能提前知道未来世界的样子。在这个艰难的历史时刻，中国在所有领域仍将非常重要，与以往在多个领域带来的激烈竞争相比，现在中国代表的是机遇而非风险。我们现在能够而且必须做的是抓住机遇，而不是在困难面前止步不前。

爱上中国的时尚先生

2018年10月出席中国时尚周颁奖仪式

在米兰也有中国的一部分。中国驻米兰总领事馆完美地代表了这个国家。我很高兴一直以来与总领事馆在和谐共处、相互尊重的氛围中保持了良好的合作关系。

中意建交 50 年与意中商会 50 年

意中商会主席
皮耶路易吉·斯特莱巴拉瓦

一些特别的日子,确定了国家、机构和人们之间新的关系。

毫无疑问,1970 年 10 月 16 日就是其中之一,意中商会在这天诞生。今天的我们能看到这一天的历史意义,它比中意建立外交关系的 1970 年 11 月 6 日还要早。

往届历次的年庆中,总会提到今年要庆祝的这两个时间节点。2015 年商会成立 45 周年之际,大家自然回忆了商会多年来采取的众多举措。这些举措有利于加强和改善两国关系,是根据中意各个政治和经济周期决定的,也归功于商会与中国驻意大利使领馆长期以来的积极合作。

20 世纪七八十年代,鉴于意大利对中国的文化、语言和经济认识不多,商会开展了一系列培训和宣介活动。

有很多事实可供回顾:汇编中国时事和新闻;出版《中国经营指南》;召开关于时事和特定主题的会议、研

中意建交50年与意中商会50年

———— 斯特莱巴拉瓦 ————

讨会；举办国内和国际会议；为中小型企业、工业及各类别协会管理人员开设课程；1979年开始为中国技术人员在意企提供实习机会；组织意企和中国代表团会晤；设立调解室。

　　意中商会50年来开展的项目和提出的倡议不胜枚举，它的工作也不会在今年终止。为达成下一个50年前景和目标的计划已经启动：为中意中小型企业提供专业援助，尤其关注已在意开展业务及有意来意投资的中国公司；组建中国企业界代表董事会；与负责国际经济关系的中方机

构,如中国国际贸易促进委员会和丝绸之路商务理事会,开展国家级和省级的合作;与欧洲和亚洲的机构和合作伙伴启动合作、扩大协作。

50年后,中意之间的经济关系将更加紧密。它们互相开放,在各领域通过各种方式进行合作。在机遇与挑战并存的情况下,意中商会将长期坚持促进对话和共享。如果说两国克服了许多经济合作的困难,那一部分功劳肯定属于意中商会及其主席、股东、理事、各部门负责人和工作人员。

我谨在此祝福:意中商会头50年为追求目标作出大量贡献,后50年也将继续努力,为两国关系世世代代和谐发展贡献力量。

50年前起步的征途

意中协会秘书长
玛利亚·罗莎·阿佐莉娜

我的中国情怀源于对其千年文明的哲学和文化的浓厚兴趣与热情。20世纪80年代中期,我在中国学习汉语及文言文,并了解其根源和文化,至今仍影响着我对生活和学习的热情。

从那时起,我就从未停止过与中国的接触。我每年去中国10至12次,有幸参观许多城市,并结识许多与我一起共事的中国朋友,真切体验中国30多年来的巨大变化。

我的公司以搭建中意企业及专业人员合作桥梁为目标,为他们提供在两国举办大型活动选地、运营和实施的可行方案。正是这些年来积累的大量合作和运营经验,带我走入意中协会。协会是两国关系史上重要的交流机构,我于2016年被任命为秘书长。

意中建交后,卓有远见的维托里诺·科伦坡参议员于1971年创建了意中协会。

—— 2019年春节庆典

科伦坡预见到意中合作空间广阔、潜力巨大，同时也会带动全世界进入一个新时代。意中协会促进和发展互利合作，成为两国人民之间的桥梁。

意中协会几十年来一直向该目标努力，留存下来的众多历史文献便是见证，相关档案正进行数字化整理以便于查询。

随着意中协会的创始人以及许多曾与他合作的人相继离世，协会的活动未能与迅速发展的世界形势同步。

因此，我担任秘书长后，在保持协会初心的同时，尝试进行更符合时代的创新。

在此向大家分享我们的方针和准则：（一）珍惜几十年来不断积累的"财富"；（二）关注艺术、文化、教育、音乐、旅游接待、科学研究和医学研究等各领域相关活动；（三）协调华社（通过中国驻米兰总领事馆）与意政府关系，应对华社自身关心的问题：医疗健康、教育与融合、官方行政内容。

为实施这些准则，确定两个重要的目标：（一）让有能力的相关人员参与管理，以确保实现相关目标；（二）善于利用数字技术的优势，更好地共享成果，尤其考虑到世界特别是中国对于数字技术的充分使用。

在此必须感谢于2017年出任协会主席的马里奥·波塞利骑士以及为协会积极工作的所有人，还有中意各领域的参与者。下面几组数字足以说明协会在2016至2019年期间的工作成绩：签署9份正式谅解备忘录和6项合作协议；正式启动21个合作项目；在中意开展7个艺术项目；24项活动正在进行。

此外，我愿回顾3个与协会基本价值紧密关联且成果丰硕的项目：

—— 2018年，意中协会与中国全国对外友协续签合作协议 ——

一是米兰布雷拉美术学院项目。2018年，意中协会与著名的布雷拉美术学院签署一项合作协议，以鼓励两国艺术和人文领域的教育交流；促进布雷拉美术学院与有兴趣在高中毕业后来意留学的中国学生之间的交流；为中国学生推出适合对方教育体制特点的专硕课程，尤其是在艺术、时尚、设计、建筑等方面。

意中协会支持布雷拉美术学院与中国的教学机构继续已有合作，并开拓新的合作。依托中国国内教育机构，帮助中国学生在学业上更好起步。

二是"达·芬奇：过去与现在的艺术与科学"展。2019年，米兰昂布罗修图书馆收藏的达·芬奇创作原稿在香港城市大学博物馆展出。该展由意中协会和香港博物馆主办，阿尔贝托·罗卡教授策划，意大利驻香港总领事孔德乐支持，被列入纪念达·芬奇诞辰500周年官方活动。

该展首次在香港展出12份"大西洋古抄本"原版。展览中数字技术的应用使达·芬奇的灵感与现代中国艺术家的创造力碰撞。

三是与IRCCS基金会—米兰国家癌症研究中心的合作项目。意中协会与中意医学科研机构有着长久的合作历史，2020年与IRCCS基金会签有合作协议，以加强与中国政府部门及中国卫健委下属地方机构代表的联系。

首要目标是通过中意大学间跨学科交流实习，以及加强华社尤其是米兰侨社与国家癌症研究中心的关系，促进技术和临床经验的交流。

协议签订后，意中协会将帮助国家癌症研究中心管理与中国的肿瘤医院和中医院的友好合作关系，并发展新合作方。协议致力于加强医生与科学家的合作，以及更好地与中方医院、研究人员、临床医生开展科研、诊断和预防等临床领域各层次研究工作。

—— 与北京肿瘤医院的首次会议 ——

需要强调的是，迄今为止，中意所有赞助商都完全赞同协会的目标宗旨。所有受益者或潜在受益者都不用承担任何成本或费用。

这些成果来源于意中协会与中意各方面开展的合作，如与米兰、北京、浙江的良好对接。

由意中协会合伙人、前董事会成员傅马利教授推动的2018年ICDE项目，即"一带一路"从意大利北部到中国南部：科学、文化、经济和社会交流，是由意中协会组织并在中国驻米兰总领事馆以及蔡茂生博士等米兰华社代

50年前起步的征途

米兰大都会副市长岑西（右五）率意中交换计划代表团访问温州

表的支持下进行的。

由米兰大都会副市长阿里安娜·岑西女士率领的代表团于2018年4月前往中国，访问了北京、杭州、温州、上海等城市。此行目的是交流并建立多领域研究和合作关系，主要是在两国较发达区域（意北部和中国南部，尤其是浙江省），就生态学与城市规划、食品与健康、艺术与文化、贸易与产业、旅游与经济进行深入交流。

协会在各领域取得的成就，都与自1971年3月17日成立以来秉承的初心相呼应。

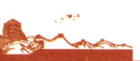

中意关系源远流长，自奥古斯都皇帝时代起，就有罗马使节到中国进行政治、文化、经济和商业交流。众所周知，在14至16世纪间，马可·波罗和利玛窦在中国定居后，两国关系更加紧密。

1970年，意大利政府决定加强与中国的外交关系，后支持科伦坡成立协会，建立两国间新的联系。由此中意各领域合作和相互了解持续发展，协会始终致力于推动各层级的交流，开展多种活动夯实友谊的根基。

2016年意大利总统马塔雷拉在发表的《维托里诺·科伦坡的思想》中肯定了我们的努力。他写道："他（科伦坡）是与中国对话的先行者，他投入很大精力发展意中协会，给两个渊源很深的国家明确了重建关系和开展合作的方向。"

1996年6月4日科伦坡去世后，意中协会更名为"致力于与中国发展文化、经济、政治关系的维托里诺·科伦坡协会"，仍简称意中协会。

为纪念这些日子，在2019年协会会议中，除了报告在新阶段头三年的成果外，我提出"50周年之路"项目，希望共同庆祝意中建交50周年和协会成立50周年。

在"50周年之路"项目中可了解成立意中协会的目标，即成为两国开展文化和教育合作活动的重要标杆，成为意境内中国官方机构的首选合作伙伴。

随着新冠病毒冲击全球，特别是中国和意大利的疫情造成所有项目进展放缓，但事实证明中意各方建立的合作联系是重启两国交流的重要渠道。

意中协会在最关键的时刻，最先从意大利协调各类对华援助，之后在更危急的时候，协调中国对意援助。向众多卫生机构和救援组织免费分发宝贵、稀缺的防疫物资，组织中意医生在线交流视频会议分享信息、共抗疫情。

这些援助的实现要感谢在米兰和中国的众多中国协会支持，以及米兰市和米兰大都会政府的帮助。

援助得以在极短时间内实现，与意中协会的良好形象和信誉密不可分，是对协会成就的再次肯定。

我们都希望尽快走出疫情困境，重启以友好互利为特点的两国关系，重启具有广阔视野的"一带一路"合作。

说到这个全球性倡议，协会的顾问安杰洛·科蒂·佩德鲁齐工程师强调，中意合作的一个重要特点是产业交流。

数十年来两国产业合作持续增加，并且随着中国各方面的发展，已经能够逐渐适应两个市场而实现自我转型。与过去相比，如今有两个重要转变：一是从中国到意大利的科技产品质量有了显著提升；二是意大利中小企业（一直是意大利的特点）与中国日益重要的中小企业以及许多现已成为跨国的、在国际舞台上扮演重要角色的大型企业的合作不断加强。

这些提升了协会的价值，协会又进一步促进了两国科研高校间的合作。在学生交换项目和互利共赢合作中也推动了科技传播。

最后，也是两国的共同祝愿：前50年的漫长征途是携手迈向更长远未来的新开始。

阿斯蒂市长的来信

— 阿斯蒂市长
毛里齐奥·拉赛罗

中国文化以及中国人民对其千年传统年复一年的继承和创新一直令我神往。

我认为，在走近这样一个灿烂而复杂的文明之前，至少要了解造就她的悠久历史、丰富文化、复杂结构和无数遗产。

丰富的文化比如礼仪、社会习俗和传统节日代代传承，悠久的历史不断演变，见证了中华文明的独特性和独创性。

中华文明是人类历史上的伟大文明之一。它与以希腊—拉丁文化为中心的欧洲和中东文明不同，几千年来自主发展。它的特点在很久以前就通过与其他文明的接触逐渐向全世界传播，甚至到达非常遥远的国家。

从马可·奥勒留到马可·波罗，中意之间的牢固友谊源于这些古老的联系。正如 2019 年习近平主席访问罗马

—— 与宋雪峰总领事共同剪彩

时提到的，两国牢固的友谊扎根在深厚的历史积淀中，通过两千多年互尊互信的文化、社会、艺术和经济交往，历久弥新。这种牢固的友谊也建立在 2004 年中意建立的全面战略合作伙伴关系上，经"一带一路"倡议的提出而得到发展。

孔子说："有朋自远方来，不亦乐乎？"我一直特别乐意接受中国驻米兰总领事馆的邀请，尤其是宋雪峰总领事邀请我参加的那场 70 周年国庆招待会。

阿斯蒂市长的来信

—— 到访故宫和景山公园 ——

—— 到访长城 ——

友谊的故事——纪念中意建交50周年文集

——"阿斯蒂遇见中国"活动经贸论坛（右二）

应阿斯蒂地区的一些中国企业家的邀请，我有幸两次到访中国。每次我都非常高兴，带着无限的好奇。我去了河南，在那里参加了第12和13届"中国河南国际投资贸易洽谈会"，会见了地方最高领导。这些访问对我来说不仅是工作会见，还让我有机会参观西安、北京、上海以及一些被联合国教科文组织列为世界文化遗产的考古遗址，就像我们阿斯蒂和蒙菲拉托的山丘。

后来,为了提高双边经贸合作,在意中国人和我管理的城市今年1月在阿斯蒂举办了一场重要活动——"阿斯蒂遇见中国"。

接着,新冠疫情暴发,起初给中国造成沉重打击,我代表阿斯蒂人民,不止一次向中国人民表达支持,发起收集物资的倡议。那时,我还尝试在我市的中餐馆组织晚餐来引导民众,让居住在阿斯蒂的中国人切实感受到我们的关怀。

不幸疫情也在意大利和欧洲其他地区蔓延,打击了阿斯蒂。角色发生了互换,中国人民给我们的市民和医院捐来无数物资,我非常感动,也不会忘记在这段艰难的时刻给予我们的关怀与支持。所有的这一切,再次证明阿斯蒂与中国团结一致,紧密相连。

共渡难关(gòngdù-nánguān)——"共同战胜困难"。这是一句古老的成语(chéngyǔ),在我看来,它既概括了我们今后要面临的挑战,又代表了我们牢固的友谊,也表达了一起战胜困难的决心。

50年的中意关系在"一带一路"中达到高潮

欧亚地中海研究院外联部主任、该院杂志社副主编
斯特凡诺·韦诺勒

一、两国历史文化影响深远

丝绸之路长久以来连接了欧亚非大陆,它穿越中国、阿富汗、印度、伊朗、伊拉克、叙利亚和土耳其,最终通过地中海到达罗马。

丝绸之路不仅仅是一个象征。中国早在6000多年前就建立沟通的桥梁,展现出很高的科学能力、强大的创造力以及经久不衰的文化融合力。

大约5000年前,中国开始在长江、黄河流域生产丝绸。汉代蚕丝业繁荣起来,使得中华帝国能够在罗马与巴提亚、拜占庭与波斯之间往来。这些丝绸被制作成华服,穿在希腊和罗马的贵族精英身上。传说一名中国公主出嫁国外时,在发饰中藏了蚕卵,从那之后中东开始养蚕、产丝和纺织丝绸。

丝绸之路始于西安，沿着商人的足迹绵延6000多公里。逐渐丝绸在古罗马社会中传播开来，中下阶层也能够使用。在出现海上贸易之前，西安是世界上最大的城市，住着200多万不同文化和信仰的居民，有穆斯林、犹太教徒、聂斯脱里教徒（景教徒）、天主教徒和佛教徒。

即便在汉朝内乱时期，舞蹈、冶金技术仍通过丝绸之路传播，意大利的葡萄酒也借此传入中国，丝绸之路对东西方的经济文化交流发挥了至关重要的作用。

在公元前221年中国建立统一的帝国之时，中国人只模糊地知道罗马帝国，并称其为"大秦"，取自中国第一个王朝"秦"。在西方，中国被称作"赛里斯"（Serica），源自中文的丝（sī），这表明古老的丝绸之路正是两个文明接触的起点。

一些史学家记载，公元166年马可·奥勒留皇帝在位期间，罗马代表团曾到访中国，另一个相关记载则是在公元284年。可以肯定的是，几个世纪间两个帝国的外交关系趋于密切。

在中国西北的甘肃省，今天仍生活着金发碧眼的中国人，据说他们是公元前53年死于卡莱战役的叙利亚行省总督克拉苏的长子所统帅罗马士兵的后代。当时千余人成功突围逃往东方，于公元前36年到达骊靬（今甘肃永昌），中国皇帝允许他们在此定居。20世纪末，中国建立纪念

两国人民友谊的纪念碑。

公元751年怛罗斯战役后,海上贸易便开始了。唐朝败于阿拔斯王朝导致东西方之间的陆路通道封闭。之后,13世纪蒙古人的征拓有力支持了欧洲和元朝间贸易的复兴。

意大利各海上共和国的发展统一了地中海运输航线。得益于季风知识、指南针和三角帆的应用,这些城市控制了通往东方各个商业中心的商道,垄断了向欧洲供应中国商品。

但丁在《神曲》中讲到中国丝绸,而另一个传说则称这种珍贵的织物是通过威尼斯进入西方的。画家们很快创造出新的图案,无意间成为时尚设计师。

威尼斯曾是中国最重要的销售市场,马可·波罗是威尼斯的代表人物,他与父亲尼古罗受忽必烈的委任,完成了历史性的欧亚之间的传信。马可·波罗于1275年到达元大都(今北京),在中国停留了17年,并获得总督职位。他对这些民族习俗和生活条件的准确描绘,使意所有社会阶层都能了解东方文明,缩短了两个世界的文化距离。

马可·波罗留给我们对元大都的描述十分精确:"宫殿雄伟壮观,设计和建筑结构堪称完美,富含技术和艺术。中国富裕而繁荣。"在他的好奇心和中国皇帝认可的外交能力驱动支持下,马可·波罗游历了这个广袤的国度,搜集了许多创新技术并引入欧洲，包括首次引入煤炭和用于交易的纸币。

由于贸易和文化交流，亚洲间接推动了欧亚大陆工业革命和军事力量的发展。

大约在16世纪下半叶，另一个意大利人耶稣会传教士利玛窦开始探索中国，两种文化的再度碰撞推动了汉学在欧洲的诞生。当时最重要的汉学研究中心之一就是马国贤（Matteo Ripa）1732年创办的"中国书院"，现为著名的那不勒斯东方大学。

穿着儒家官服、用望远镜观测天空的利玛窦形象与马可·波罗一起，出现在中华世纪坛的巨大浮雕上，他们是那里唯一的西方面孔。利玛窦寻求调和基督教与儒家思想，他认为两者应相互尊重，求同存异，因此得到中国人的重视和称赞。1601年他在北京受到皇帝接见。此后他得到万历年间重要官员、科学家、慈善家徐光启的支持，开展合作研究，写下改善农业技术的相关著作。

马国贤则想建一所学校，专门培养欧洲，尤其是中国的贫民传教士，因为清朝时期，在中国传教的都来自方济各派。与此同时，罗马教廷建立了传信部，计划派团前往中国建立真正的天主教圣职制度。

在到过中国的意大利人中，我们还得说说郎世宁

(Giuseppe Castiglione，1688-1766)，他的中文名意为"世界和平"。他因将东西方技艺相结合的绘画风格，在紫禁城里工作了51年。乾隆皇帝请他设计了圆明园内的凉亭和喷泉。

从16世纪中叶到19世纪中叶，中国的生产力领先世界，是第一大经济体。西方殖民化进程鸦片战争带来的百年之耻，中断了帝国的蓬勃发展。

二战前，另一位伟大的意大利科学家、探险家朱塞佩·图奇前往西藏中部考察古迹，到访了古都萨迦，萨迦派的住持曾受忽必烈的封授。七个月的旅途中，他参观了日喀则、拉萨、纳塘寺、江孜、大昭寺和夏鲁寺，在那里他发现了可追溯到13世纪的非常有价值的中国壁画。他收集的影音记录和科学资料，对研究他所经地区和西藏的政治、艺术、宗教历史有着极为重要的意义。

1945年后，罗马与北京之间的关系逐渐发展。彼得罗·南尼1955年以意大利社会党书记的身份到访北京，并会见了毛泽东主席。

1964年，意大利对外贸易委员会（ICE）与中国国际贸易促进委员会（CCPIT）签署了协议，在对方首都互设代表处。朱塞佩·曼泽拉担任ICE北京办事处负责人，时任中国外交部苏联东欧司副司长的徐明被派往罗马。人们通常把它视作中意间第一个双边协议，协议赋予两国代表一些特权，如关税豁免。

意天主教民主党总书记阿明托雷·范范尼意识到中国在国际关系中的重要性，于1965年推动成立一个关于接纳中华人民共和国进入联合国的研究委员会，但未获得足够票数。

1969年1月29日，南尼作为外交部长宣布承认中华人民共和国政府是中国唯一合法政府。1970年11月6日，两国代表在巴黎签署了中意重建外交关系的协议。次年，中国大使馆在罗马设立，首任大使沈平受到意大利政府，特别是总理朱塞佩·萨拉盖特的热烈欢迎。

参议员维托里诺·科伦坡创立了意中协会，促进与中国的文化和经济交流，密切双边关系。1973年，他与议员朱塞佩·美第奇一起去了中国，发展和巩固两国人民的友谊。

文化、科技合作不断深化，双方高层交往也更加频繁。1972年，中意签订海运协定；1978年，两国外长黄华和阿纳尔多·福拉尼在罗马会见；1981年，意总统亚历山德罗·佩尔蒂尼访问北京，会见邓小平；2004年，温家宝总理访问罗马，两国决定建立中意政府委员会，旨在指导、协调和核查中意在政治、经贸等各领域的关系。

2006年，罗马诺·普罗迪总理访华，与温家宝总理在北京出席了双方在贸易、科技、教育等领域双边合作文件的签字仪式。2010年温家宝总理访意期间，与贝卢斯科尼总理发表了关于加强经济合作的行动计划，进一步拓展了双边合作。

2014年6月，中意签订关于加强经济合作的三年行动计划，将绿色技术、农业、食品、航空航天、可持续城市化和卫生服务作为双边合作的重点。

中国蓬勃发展，系列协议也迎来高潮。今天的"一带一路"旨在通过发展基础设施网络来促进欧亚大陆的融合。这些网络将增加亚欧贸易往来，连接的区域占全球GDP约60%，占世界人口约2/3。

意大利希望凭借其在地中海的战略地位，在"一带一路"中发挥连接中欧、东欧和北欧的作用。

2015年夏天，威尼斯、的里雅斯特、拉文纳、科佩尔和里耶卡组成的"五港联盟"已经设定自己的目标，吸引大量通过苏伊士运河到达地中海的中国商船，提供一条不途经比雷埃夫斯和巴尔干半岛的替代路线。

2019年3月23日，意大利成为G7中首个与中国签署"一带一路"合作谅解备忘录的国家。它带来了密切的文化合作：城市结好、世遗结对、举办论坛、共同制作电影等视听作品扩大人文交流。2020年本应是中意文化旅游年，由于新冠疫情推迟到2022年。但疫情让我们发现了两国团结合作新机遇，建设"健康丝绸之路"。有诸多案例，比如中交集团向的里雅斯特港务局捐赠10000只口罩，向塔兰托港务局捐赠4000只口罩。

完整的备忘录非常长。至少有29项是官方的，另有21项涉及大型私企，例如芬坎蒂尼集团、铁路公司、意投行、Terna电网、埃尼集团、意天然气管网运营公司、依达尔煤气公司、裕信银行和联合圣保罗银行。其经济影响相当于意国民生产总值的1%，还能减少与中国的贸易逆差。

而在此之前，在意经济发展部的领导下，就成立了中国事务工作组。这是一个协调政府、行业协会和民间社会之间合作与对话的工作机制，旨在制定新的系统战略，加强与中国在金融、投资和第三国合作的经济商业关系。

不幸的是，受新冠疫情影响，中国游客减少将导致45亿欧元的相关消费损失，约占行业总量的5%（2019年共有600万中国游客），奢侈品和时尚市场也出现大幅下滑。

意大利是中国在欧洲的第五大贸易伙伴，两国贸易额从2016年的380亿欧元增长到2018年的440亿欧元。约2000家意企在华运营，营业额约50亿欧元，提供6万个工作岗位。

意对华出口主要是机械工程（40亿欧元）、纺织品和服装（16亿欧元）、化工产品（16亿欧元）和运输设备

(10亿欧元),而中国向意主要出口技术和电器(52亿欧元)、电子设备(35亿欧元)、动物毛皮产品(1.97亿欧元)以及加工的水果和蔬菜(1.02亿欧元)。

二、"一带一路"对意大利是巨大机遇

2019年11月,意大利南方研究中心(SRM)指出,总集装箱码头基建投资需要大约45亿欧元,以保障装载量超13000至14000标准箱(一标准箱约合38立方米)的大型轮船停泊。

自2013年"一带一路"倡议启动以来,在中国境外处理的集装箱总量增长了四倍,意大利当然包括在内。

2016年10月,APM码头与中远海运集团签署协议,成立合资企业接管萨沃纳的利古里亚瓦多码头,马士基集团占股51%,中远海运占股40%,其余9%股份由中国青岛港的管理公司青岛港国际发展有限公司持有。尽管存在大量的铁路和公路隧道,不利于腹地运输线发展,利古里亚港口和第勒尼安海依然是到达法国和伊比利亚半岛市场的天然枢纽。

2016年,雅典的比雷埃夫斯港被中远海运收购,此后吞吐量增长了50%。2019年2月,威尼斯与比雷埃夫斯签署了谅解备忘录,增加两港交通联系。两港航线主要由中国与法国的CMA-CGM公司合作成立的一家船运公司使用。

的里雅斯特是一个因联运和高效而取得成功的转运中心，因此引起了中交建公司（CCCC）的浓厚兴趣。该公司打算投资码头和货场的设备，建造一个能容纳750米长货运列车的大型铁路设施。今后有可能打造成一个促进中意中小企业交流的物流工业平台。

瓦多和的里雅斯特是地中海少见的深水港，能够停泊最新、最大的集装箱货轮，并通过铁路直接连通欧洲其他地区。

2018年，中国招商局集团（CMG）在拉文纳投入1000万欧元的初始资金，旨在发展海运和油气工程。

意大利南方港口合作潜力可能更大。

那不勒斯、萨勒诺、巴勒莫和焦亚陶罗的港口也吸引了中远海运的船只，主要是因为最近圣保罗银行组织了一次对上述地区以及塔兰托港口的考察，投资海上经济特区的机遇越来越大。土耳其船运公司Yilport也希望与圣保罗签订广泛的合作协议。2012年法拉帝集团由中国潍柴集团持股86%。中国潍柴集团曾打算在普利亚投资，建造一个可生产玻璃纤维或碳纤维等复合材料船舱以及船体的新生产中心，和一个专门开发新款式的研究中心。马里奥·杜尔科部长助理认为，这对塔兰托企业意味着巨大的发展和转型机遇，能够提高该地区就业水平并带来新的经济生态。

巴里是普利亚大区首府,是被选作进行5G网络实验的城市之一。DBA集团参与了巴里5G港口项目,优化运输流程。通过大数据无须打开集装箱即可读取信息。集装箱运至自动化码头后,机器人叉车自行装卸。TIM、Fastweb和华为最近在该港口启动了安全控制中心的测试,通过集成来自摄像头、无人机、终端、可穿戴设备和传感器的数据来控制访问和活动。

热那亚、威尼斯和的里雅斯特的港口仍是通向欧洲大陆和意大利北部市场的大门。但南部港口如卡塔尼亚的奥古斯塔港,如果升级基础设施和服务,也可以因毗邻苏伊士运河的绝佳地理位置,成为对欧、非投资的物流和发展平台。大船无法停靠的小港则可以用来处理大港口卸下的货物,比如拉文纳就有很大的物流空间。

出台的法令规定可出售经营权但不得出售整个港口,即不得将港口的所有权让渡给一家经营者,很快回应了意大利舆论的担忧。

世界银行指出,迄今为止,"一带一路"在中东、北非和东亚相关国家交通领域的投资总额约占上述国家外国直接投资的5%,且带来的收益更高。费拉拉大学和北京大学的联合研究显示,意大利在地中海的优越地理位置将使其成为该地区最具吸引力的国家,在欧亚贸易中占据中心地位。

2005 至 2018 年，中国对意投资额达 250 亿美元，位居欧洲第四，仅次于英国、德国和法国。意大利对华出口仅占总额的 2.8%，落后于法国的 4.2%、英国的 6.5% 和德国 7.1%。这个比例可以提高，也有必要提高。

经合组织表示，"一带一路"海运货物量比陆运货物量至少高 10 至 20 倍。因此，意大利的港口有足够的发展空间。大船需要航行一周才能通过地中海到达欧洲北部，如今这条航线可由意大利的陆路转运代替。亚得里亚海北部是将地中海海上贸易与奥地利、德国、瑞士、斯洛文尼亚和匈牙利联系起来的天然枢纽。

2013 至 2018 年，不少"一带一路"沿线国的海上连通性都显著提高。连通性差会增加进口商品成本，降低出口商品竞争力。其中，伊朗提高 99%，印度尼西亚 74%，斯里兰卡 64%，越南 59%，卡塔尔 11%。

"一带一路"与欧盟的全欧交通网络项目（TEN-T）部分内容形成互补，全欧交通网络旨在建造九条高铁走廊，提升运输能力。历史遗留的都灵—里昂高铁线就是伊比利亚半岛至乌克兰地中海航道的一部分。鹿特丹—热那亚走廊是连通项目的一部分，将打通利古里亚北部的"第三道口"，连接港口和欧洲北部，同时穿过圣哥达山，将波河平原工业区与莱茵河—阿尔卑斯工业区相连。

友谊的故事——纪念中意建交50周年文集

都灵是"新铁路丝绸之路城市论坛"的举办地，这个由 Mir Iniziativa 发起的项目计划建造一条高速铁路，连接欧洲主要城市，穿过俄罗斯、土耳其和中东，直达北京。多位市长、企业家和政治家在都灵签下了这份计划连通 233 座城市，长达 87700 千米的"新铁路丝绸之路"项目。自 2017 年底，都灵理工大学组建了"一带一路"特别项目，计划打造一个全方位的复杂数据库，详细囊括亚洲地区的基础设施需求、各项目动态、融资、以及招标信息，以培养一批更加熟悉中国市场的研究和经营人员。

意大利葡萄酒、柑橘类水果等农产品对华出口也非常亮眼，仅 2019 年就增长近 20%。不能不说这些是合作下货物运输时间缩短带来的好处。

"一带一路"倡议为意大利带来巨大机遇。意可实现港口、铁路等物流网络及数字网络的基础设施现代化，并推进可再生能源等关键领域合作。倡议对那些中国企业承包的建筑项目也会带来积极影响。

不管在政治上还是文化上，"一带一路"都符合意大利国家利益。因为它基于不干涉别国内政和支持多极化的原则，我国可以自由开展过去直到柏林墙倒塌前的几十年间的那种多元外交。

由于双方制造业的相似性，即都是基于家族经营的中小企业，有必要认真应对来自中国的商贸竞争。2019年3月签署的合作谅解备忘录，保护了意企业的市场利益。意政府也加强了"黄金权力"，针对国家战略性企业，外资占比不得超过30%。

人们心中的一个大国

《国际视野》杂志
总编辑
安德烈·费

"巨大（jùdà）"也许是用来描述刚到中国的西方游客对这里直接印象的最佳词汇。当我降落在北京首都国际机场，第一次踏上这个巨大的、世人常提起却又知之不多的国家时，我也有同样的感受。

新建筑和旧建筑、公路、铁路、人行道、公园等等，一切看起来都巨大且壮观，"生生不息"，从未停歇。好像总有未完成的工程，不停地奔向未来。在人声、引擎声和施工声的嘈杂中闭上眼睛，恣意想象，那些一千年甚至两千年前的商人、旅行家似乎骑在鞍上——马和骆驼还驮着珍稀手稿、贵重织物和精美瓷器，向我们走来。

每年都有成千上万的游客涌向神奇的地方，如紫禁城、长城、兵马俑或是大雁塔。这些是亚洲文明乃至人类文明的非凡标志，是古老中国的印记（simboli）[源自希腊语 symballein，意为"集合"，而不仅是"代表"

(rappresentare)]。它们在历史长河中代代相传,被中国人铭记在心。不管是用作集会或是祭祀,它们都如此宏伟壮观,只有帕特农神庙、罗马斗兽场、帝国议事广场或和平祭坛博物馆可以与之媲美。

马可·波罗被这个巨大"中央之国"的魅力所迷住。几个世纪以来,在这远东的无穷魅力中,诞生了许多传遍世界的思想、知识和发明,其中甚至包括古希腊哲学家阿那克西曼德所定义的,万物的本原(άρχή)。也正如这位哲学家定义的阿派朗(άπειρον,意为无限),成吉思汗建立的帝国,在马可·波罗面前是无穷无尽的。

在如今的全球化时代,每一个民族或近或远都与其他民族共存。伴随着地理大发现,欧洲人用了约四个世纪的时间踏遍了地球上陆地和海洋的每个角落,证实了他们希腊祖先关于"地球是球形"的判断。然而,近30年的数字化使世界成为虚拟场,消除了将我们隔离数千年的所有空间、社会和文化障碍,连接并聚合整个人类。但我们常常感到完全不认识其他人,更不用说信任。毫无疑问,在20世纪90年代的时候,人们对"地球村"过于乐观,现在又是另一番景象。

我在佩鲁贾出生和长大,这是一个只有16.7万人的中小城市,如果把边上的科尔恰诺算作卫星城的话,约有19万人。佩鲁贾虽然不大,但国际化程度很高,这得益

 **友谊的故事**——纪念中意建交50周年文集

于1925年阿斯托雷·卢帕特利（Astrorre Lupatteli）为复兴被教皇压迫统治三个世纪（1540-1859）的城市而建立的佩鲁贾外国人大学[1]。佩鲁贾在中世纪后期和文艺复兴时期曾是地区经济、艺术和学术中心，诞生了彼得罗·范努齐、贝纳迪诺·迪·贝托、加莱佐·阿莱西、古列尔摩·卡尔德里尼以及奥拉齐奥·安提诺里等名人。人们可以在坐落于历史悠久的老城中心西南山腰的卡杜奇花园瞻仰这些伟大的先辈。

这座城市特殊的禀赋使得它与翁布里亚大部分的农村不同，在某种程度上更接近托斯卡纳。20世纪上半叶，城市不断扩张，同时（佩外的成立也使得）佩鲁贾人，包括在佩鲁贾工作和生活的其他意大利人能够与来自世界各地的青年进行交流，接触许多不同的文化，近距离发现不同的风俗习惯，从而张开双臂怀抱世界。过去10年中，来此留学的中国学生显著增长，古城中心街道挤满了他们的身影。他们普遍保守、讲礼貌、遵纪守法且入乡随俗，每年有如此多黑色眼睛的孩子来佩外上课成为这座城市亮眼的标签，也标志这个世界正发生飞速的变化。

---

[1] 墨索里尼曾打算将佩鲁贾外国人大学用作在世界范围内传播意大利语言和文化的工具。二战后，意大利社会党和意大利共产党领导的城市当局继续支持佩鲁贾外国人大学的跨文化教育功能，并将其作为向世界推广的城市名片。

1949年，毛泽东在天安门城楼上宣告中华人民共和国的诞生，中国人民从此站起来了。今天欧洲人对这几个字的含义有了更好但还不完全的理解。历史摆在我们面前的，是多半个世纪都在发展建设的国家，我们没能领会那背后的"巨大"意味着什么。如今中国大城市和超大城市的发展也许会让马可·波罗大为震惊，却还没真正打动他生活在现代的后代们。

原因其一出在我们的政治上，它习惯于将问题简单化，用双重标准进行推理，描绘中国的时候指鹿为马。政治是社会的一面镜子，第二个原因就是我们的社会。即便不跟先祖先辈比，这个社会也已发生深刻变化。年轻一代生活在一个虚拟的、触手可及的世界。他们没有了好奇心，不再有探索未知的动力。全球化似乎已陷入矛盾。

最新年度调查显示，新冠疫情前，约30万意大利人前往中国旅游[2]。这数字并不可观，与之相比，2017年有81.5万意大利游客到访美国[3]。中国地域辽阔，文化名城、景点数量众多，在联合国教科文组织确定的世界文化遗产数量上比肩意大利（55个）。尽管由于统计标准不同导致

---

[2] F. Santelli, *Italia-Cina, iniziative e scambi per "l'anno della cultura e del turismo"*, La Repubblica, 17/1/2020.

[3] InfoMercatiEsteri - Farnesina

意大利各大区可能重复计算，难以掌握准确数字，2018年来意和在意的中国游客分别达300万人次和500万人次[4]。

双向的贸易和投资是基本的，但仅有它们还不够。如果缺乏社会和文化的交流往来，中国在大多数意大利人眼里注定是一个遥远的外邦。意大利政府要做的还有很多，但学校才是增进两个社会之间互动的主力。由于公众舆论在人类地理、民族和国际关系方面带来的出乎意料的阻碍，以及众多针对中国和中国人的偏见，这些实际上限制了50年来两国所作的大量外交努力成果。

过去15年里，在中国学习或工作的意大利人数量有所增加。2006至2013年间，这一数字显著增长（239%），在中国有6746名意大利人常住，其中大部分是年轻人。[5] 仅四年后，2017年，在中国常住的意大利人增至9362人。[6]

这些数字显然与居住在阿根廷、巴西、委内瑞拉、英国或美国的意大利侨民规模相距甚远，更无法和在欧洲其他国家的意大利人数量相比。然而，这部分意大利人向亲

---

[4] Elaborazione ENIT su dati Eurostat

[5] Today, *Nel 2013 triplicati gli italiani residenti in Cina: "Sono i giovani a partire"*, 3/11/2013.

[6] Ministero dell'Interno, AIRE - Anagrafe degli Italiani Residenti all'Estero, Ed. 2018, Roma, p. 6.

戚、朋友、同事和熟人圈子描绘的中国形象,比那些凭主流刻板印象所述更接近现实中国。永久或长期在国外生活意味着要融入外部环境,了解大众思想和生活习惯,从而知道其优缺点、长短处、强弱项。

如果未来可以规划,那就想象一下。想象肯定是粗糙、琐碎、不规则的,但往往正是在想象中从无到有。想象30年后的地球,如果不受没有科学依据的灾难论影响,社会应该是更加便捷、可持续的,环球旅行会更方便。欧洲和亚洲地理上同属一个大陆,地域连续性有助于减少政治、文化障碍。但在如今的欧洲和北美洲之间几乎不存在这种障碍,尽管两者被大洋隔开。

今天在中国城市(如重庆、西安、唐山或义乌)与欧洲货运中心(如鹿特丹、安特卫普、杜伊斯堡或马德里)之间往返的列车,明天将成为能够在24小时内载着游客、企业家、专家和工人往返于米兰和上海的高铁。中国在高铁领域的密集研究和发展,完全有可能在2030年实现这些。届时我们就会认识那款中国中车2019年5月在青岛下线的最高时速达600千米的新型磁悬浮列车。

2013年,为了让古老的陆上和海上丝绸之路重新繁荣,习近平主席在哈萨克斯坦提出"一带一路"合作倡议并非偶然。一些外国势力担心中国活跃、进取的政策,但他们能打压、封锁一时,却无法阻止。20多年来,许多

国家的经济依赖中国稳定持续发展的市场,各种抵制、诽谤、制裁和打击中国及其内外合法利益的行为,不仅损害其他经济体的利益,也徒劳无功。1842年中国在第一次鸦片战争中战败,主权和统一受到殖民国家侵犯。"巨大"根植于中国人民的共同理想和共同信念中,中国人民坚定地走上复兴之路,重建荣耀与和谐大国的愿望超越一切政治力量。

如果在电视节目中遇到此类话题,人们会围绕意大利的立场进行热烈讨论。简单地说,几乎所有左派、右派发言都强调意大利必须维持其传统的欧美地缘政治同盟,与美国、英国和其他北约伙伴国家保持一致。世界多极化越是加快发展,这种论调就越被当作主流不停重申。很大程度是因为这几代人精神和文化上仍保留不合时宜的世界观,用典型的冷战思维看待世界,例如将世界分为"正义"和"邪恶"两个阵营,大肆追捧核平衡、零和博弈和僵化的国际秩序。

经济与交通通信的不断融合正创造一个前所未有的社会生态系统,其特征是出现了一个新的40岁以下数字化中产阶级群体,接近于西方社会学家定义的Y一代,即所谓的千禧一代。今天这个词往往被媒体用来错误地表示出生在世纪之交的人,而后者应属于Z一代(数字新生代)。在西方,Y一代年轻人借助家庭积蓄和过去50年发展所提供的社会资源,拥有相对优渥的生活条件,但与父母相

人们心中的一个大国

比却过着更加不稳定、不确定和不幸福的生活。相反，他们在亚洲的同龄人则是社会扩张阶段的主角，获得父辈没有的机遇和社会权利。他们出生于20世纪80年代初至90年代初，有着对上世纪非常清晰的记忆，知道过去是无法复制的，需要新的发展模式。新旧全球秩序将在他们的手中过渡：如果过渡失败，则很可能暴发文明冲突；如果过渡成功，我们将进入一个普遍幸福的新时代，世界其他落后地区也会有光明的前景。

对华关系是我们时代的重要命题，但这并不意味着发展对华关系就是像一些麦卡锡主义者所说的，决定倒向这个亚洲国家并由北京保护。世界在变化，中国已经是最大的生产和消费市场、全球清洁和可再生能源最大投资国、创新领域和工业4.0的主要国际参与者之一，这已经足够支持我们行动起来。就意大利而言，无论有没有美国支持，过去是以后也还是欧洲国家。欧洲人不是美国人，不像他们屡屡轻启战端，危害地中海稳定和欧洲利益，像是2003年的伊拉克或者2011年的利比亚。

不存在什么威胁必须让别人来保护我们。文化的根比政府或军队更深。古罗马和雅典无疑是欧洲文明的摇篮。"作为古罗马文明的发源地和文艺复兴的摇篮，意大利雄壮华美的历史古迹、文学艺术巨匠的恢宏杰作在中国广为人知"，习近平主席于2019年3月21日访意前在《晚邮报》上发表的署名文章中写道，"中国和意大利是东西方文明的杰出代表,在人类文明发展史上留下浓墨重彩的篇章。"[7]

没有必要让别人像警察一样控制我们的外交立场和国际站位,因为我们扎根在地中海,无论如何也不会离开。相反,就像20世纪法国历史学家费尔南·布罗代尔在其著作中所述的那样,我们的国家因地理位置,应成为地中海水域最自然、最合理的"船长"。透过"一带一路"倡议,中国似乎比我们的盟友更加清楚地理解这一点。

---

[7] Xi J., *La visita di Xi Jinping: «Un patto strategico con l'Italia»*, Corriere della Sera, 20/3/2019.

丝绸之路从帕多瓦再出发

前帕多瓦市长、高级生物
医学研究基金会副主席
朱斯婷娜·戴斯特罗

中意关系对彼此的战略意义愈发凸显，它植根于两国历史之中。

中方与威尼托大区的关系尤其牢固和深厚。得益于马可·波罗之行，以及从威尼斯开始逐步延伸到维琴察、特雷维索和帕多瓦的商业文化中心之力，800年来互惠交流成果丰硕。

我曾任帕多瓦市长，为了本市的发展，始终致力于推动与中国这个重要国家发展友好关系，开拓视野，开展跨国合作、文化交流。

因此，我十分荣幸能向纪念中意建交50周年出版物投稿，也衷心希望今后共庆更多节日。

我第一次见到宋雪峰总领事是在2017年他到访帕多瓦的时候。后来我们还多次会面、通话，在相互尊重的基

—— 与宋雪峰总领事（右一）合影 ——

础上，保持了富有成果和建设性的合作关系。

2018年，我们携手召开了由中国驻米兰总领事馆、中国贸促会意大利代表处、意大利中资企业协会主办，帕多瓦市政府、商会、Promex公司协办的"一带一路"合作论坛，取得良好效果。

2019年，我应宋雪峰总领事邀请，参加了在享有盛名的米兰奈其别墅举行的中国国庆70周年招待会。

作为业内翘楚的高级生物医学研究基金会副主席,我现在还满怀热情、专心致志地从事一项中意交流合作项目。

作为基金会,我们致力于加强合作和思想文化交流。威尼托分子医学研究所的一些研究员到上海科技大学交流,同时研究所也接待一些年轻的中国研究员。

中国和帕多瓦的大学签订了科教合作协议。上海科技大学暑期学校和威尼托分子医学研究所互派人员交流项目,是双方关系巩固和深化的体现。

———— 出席驻米兰总领事馆帕多瓦中国日活动(右四)————

出席驻米兰总领事馆国庆70周年招待会

近年来,研究人员与中国公司之间的关系也更加密切,反映出双方强化联系以及推进合作的意愿。

特别是今年,在新冠疫情全球大流行背景下,中意守望相助,在抗疫斗争中展现团结精神。在意方最紧急、困难的时刻,中方向意援助医疗物资和设备。

中意友好合作深入发展,历史光辉灿烂,未来充满机遇。

我祝愿,中意建交50周年将进一步推动两国从研究到教学,从技术到商贸的各领域、跨领域合作。我们珍视的历史和文化纽带,会将两国更紧密联系在一起。

中国银行助力中意经贸合作发展

中国银行米兰分行行长
姜煦

2020年是中意建交50周年,两国经贸合作也进入全方位、高质量发展的新阶段。中国银行米兰分行成立于1998年,是最早进入意大利的中资银行。20余载风雨兼程,在中国银行总行的领导下,中国银行米兰分行始终牢记使命,搭建两国企业沟通交流平台,服务两国实体经济,为促进中意经贸往来贡献力量。

2019年对于中国银行来说,是具有里程碑意义的一年。无论以什么方式书写,都将浓墨重彩地载入中意经贸交流史册。这一年中国银行米兰分行参与承办一系列重大活动,规格之高、频次之多、意义之重为历史之最。我全程参与各项活动的组织实施,见证了很多历史性时刻。

3月下旬,中国国家主席习近平对意大利进行国事访问。在中国商务部、国家发展改革委员会、驻意使领馆和意大利经济发展部的指导下,中国银行作为中意企业家委员会中方主席单位,与意方主席单位意大利存贷款公司密

切配合,于3月22日在罗马巴贝里尼宫成功举办"中意企业家委员会第六次会议"和"中意第三方市场合作论坛"。这是习主席高访期间仅有的两场经贸主题配套活动,两百余名中意工商界领袖参加。参会的中意代表在意大利总统府奎里纳尔宫受到习近平主席与马塔雷拉总统的亲切接见,双方工商企业界长期以来为双边经贸合作所作努力和贡献得到两国领导人的高度评价。

3月23日,习近平主席与孔特总理在玛达玛庄园举行双边会谈,并在会谈后见证重要政府间合作项目及商业合作项目签约仪式。其中备受瞩目的就是中意两国"一带一路"合作谅解备忘录的签署,我有幸现场经历这一令人激动的时刻,目睹中国国家发展改革委员会主任何立峰与意大利时任副总理迪马约签约。

在两国重要商业合作项目签约环节,中国银行作为工商企业界代表,分别以第一、二顺位与意大利存贷款公司及意大利国家石油公司交换了战略合作伙伴协议和备忘录,受到两国政府的高度评价。

7月,借中意签署"一带一路"合作谅解备忘录的东风,为全面拓宽两国在财金领域的合作,首届中意财长对话在米兰举行。中国银行与意大利存贷款公司在中国财政部和意大利财政部的指导下,于7月10日在米兰市政府所在地的马里诺宫组织召开中意金融论坛,这也

—— 中国银行董事长刘连舸（右二）在中意金融论坛上做主旨发言。 ——

是本次中意财长对话的唯一配套活动。中国财政部长刘昆、副部长邹加怡，人民银行副行长陈雨露，中国银保监会副主席周亮，中国证监会副主席阎庆民，以及时任意大利财政部长特里亚，意大利央行副行长帕拉泽莉，意大利证监会副主席达格斯蒂诺，米兰市长萨拉等参加论坛，与来自两国最重要金融机构的30余位重量级嘉宾深入交流。与会各方围绕金融市场开放、财富和资产管理、金融监管合作、第三方市场合作、支持中小企业发展等议题对话和讨论，为两国金融领域合作注入动力。中国银行董事长刘连舸在论坛上就两国在"一带一路"框架

———— 中意金融论坛 2019 嘉宾合影 ————

下深化金融合作、加大金融开放力度、满足中小企业金融需求进行主旨发言。

8月，作为首届中意财长对话成果，由中国银行主承销的意大利存贷款公司首期10亿元人民币熊猫债成功发行，开创了意大利发行人在中国境内发行人民币债券的先河，更开辟了两国金融和经贸合作的新模式。

作为系列活动的组织实施者之一，我感受到中意两国政府对中国银行的信任，感受到意大利合作伙伴对中国银

行的倚重，感受到两国人民对深化经贸合作的愿望，也感受到一名中国银行海外机构负责人在推进合作上的责任。这也提醒我不忘初心、牢记使命、砥砺前行。

当前，中国经济进入以国内大循环为主体、国内国际双循环相互促进的新发展格局，将继续成为世界经济增长的动力源。50年来，中意关系不断深化，传统友谊不断稳固。后疫情时代，中国银行将继续立足两国市场，放眼全球，抓住中国新发展格局、数字化、新基建以及欧盟复兴计划带来的新机遇，充分发挥集团全球化和综合化优势，加强创新、开辟金融服务新模式，为推动中意经贸合作进一步发展作出新的更大贡献。

意大利航海家哥伦布曾说过，"心中有大陆，风浪皆可平"。忆往昔，中国银行米兰分行有幸见证并经历两国经贸合作的发展壮大；看未来，中国银行米兰分行将持续发挥优势，为两国企业提供全面综合金融服务。

用足球架起中意合作桥梁

——国际米兰足球俱乐部主席、
苏宁国际集团总裁
张康阳

我第一次到意大利是在 2007 年夏天。那时我还在上中学，暑假旅游去了意大利。8 月的米兰城人迹寥寥，一问才知道正值欧洲休假季。原本想看看著名的米兰大教堂，也因为假期维护的原因，没能如愿。

错过虽有遗憾，却也许注定后会有期。

那次行程让我对意大利留下极深印象，尤其是意大利人热情的性格。我仍然记得，餐厅厨师主动提出帮我们将三种意面做成小份，好让远道而来的客人尽可能品尝不同的口味。

大学毕业那一年，我再次选择到意大利旅行，和朋友们享受正式工作前最后的欢乐时光。没想到之后不久，意大利便成为我工作生活的地方。

—— 张康阳

走进国际米兰的荣耀与复兴

2016年夏天,我被派往意大利参与国际米兰俱乐部的管理工作。

欧洲有着深厚的足球文化,足球是人们生活的重要一部分,是一种信仰,是一个城市的集体荣誉与狂欢。国际米兰是全球最负盛名的足球俱乐部之一,有着超过百年的历史,拥有一批忠实的球迷。甚至很多球迷祖祖

—— 张康阳在球场边

辈辈都支持这支球队。这样的足球文化让我深感敬重，也更感责任和使命。

而初到意大利的时候，我对这种足球文化中的忠诚甚至狂热毫无概念。坦白地讲，我以前并不是球迷，几乎不看球赛。但真正临场观赛，你不得不被球迷的激情与热血所感染。

第一次作为国际米兰的一员在梅阿查球场看球带给我的震撼，难以用言语形容。球场的氛围，就像百老汇的秀场。欧洲球场的建筑构造比较垂直，如果观众席坐满，包

在中间的草坪和球员就像要被吃掉一样。欢呼声就像海啸，在场地内一圈一圈地环绕。当观众习惯性地喊起口号，整个赛场，8万多人，就会跟着跳动起来，仿佛地动山摇。那种感觉，鸡皮疙瘩会在一秒内布满全身。

当你走近，你就会热爱，这是全世界最瞩目运动的魅力。

2018年，在国际米兰诞辰110周年之际，我正式成为国际米兰俱乐部主席。从接手经营管理工作起，我就怀抱着极为明确的目标，期望能引领国际米兰回到世界之巅。我所接过的球队集无上的荣耀、辉煌的胜利与璀璨的历史于一身。对于全球数以亿计的内拉（国米球迷简称）们来说，国际米兰代表的是激情、是信仰。无论是在赛场内还是赛场外，我们的团队齐心协力，终于将国际米兰重新带回欧冠赛场，这是国际米兰时隔6年后再一次站上世界顶级球队的竞技舞台。

我们恪守诺言，坚定前行，俱乐部成绩就是最好的证明。在刚刚结束的2020年欧联杯决赛中，尽管惜败屈居亚军，但球队依然获得近10年最好成绩。

在欧洲豪门俱乐部、甚至欧洲整个足球界，像我这样的年轻人不多。有人说中国人不会管理国际体育，在我看来，年龄或者国籍从来不是障碍，没有什么挑战不可以面对。4年来，俱乐部在商业、管理、竞技、品牌等各方面取得长足进步。我们正朝着正确的方向前进，为未来做打算。我们的目标始终如一，要继续赢得更多胜利。

我们这一代有幸成长在全球文化交流异常繁荣的年代，我们成长的过程就是不断拥抱新知识、新文化、新潮流和新思想的过程。在意大利工作，要和不同国籍、不同文化的人相处共事，有多方面的差异和冲突，要互相尊重、互相理解。尽管有挑战，但对全球化时代成长起来的我们来说，仿佛是自然而然的事情。我一直强调，中国同事要和意大利同事相互信任，要充分利用和调动本地资源，要加强员工的协作沟通。我一直相信，拥抱新的思想，和周围人同向前进，是永远不会错的。

希望中意友好桥梁上刻有"苏宁"

因为国际米兰，苏宁在意大利甚至欧洲的知名度迅速提升。得益于中意友好交往的大环境，苏宁有机会获得更多意大利企业的了解和信任，开启全方位的交流与合作。一批高品质、强体验的意大利产品和服务，通过苏宁线上线下的平台和渠道进入中国市场。

中国正进入消费升级的新时代，消费者对高品质的商品和服务有更多需求，年轻一代对海外产品的需求更是日益递增。而且，他们将购买产品视为与世界交流的方式，对产品背后的品牌文化、设计理念和个性主张充满好奇。

意大利的时尚和文化在世界上占有非常重要的位置。意大利在中国年轻消费者的心中是艺术和潮流的代名词。

用足球架起中意合作桥梁

—— 意大利对外贸易委员会进博会签约仪式 ——

然而，根据我在意大利的观察，有大量国民认可度极高的优质意大利品牌由于缺乏对中国市场和消费者的了解而难以进入中国。近年来，我们努力为意大利品牌进入中国市场打开通路。我们将把苏宁的双线渠道打造成意优质中小品牌进入中国市场的首选平台，让更多中国消费者感知意式生活，最终成为意大利品牌的爱好者。

2019年对中意关系来说是意义非凡的一年。时值中

意建立全面战略伙伴关系15周年,习近平主席对意大利进行国事访问。苏宁董事长张近东也有幸作为中国企业家代表随访。3月23日,在两国领导人的见证下,张近东董事长与意大利对外贸易委员会(ITA)主席卡洛·费罗先生签署了战略合作协议。我们在意业务将获得ITA最大的支持和协同。2019年ITA协助我们引进150个意大利品牌。此后数年内,我们每年还将精选并引进200个意大利品牌。我也有幸亲历了这一重要时刻,心中充满兴奋和感激。在两国友好合作的背景之下,这次签约对于苏宁意义重大,我们与ITA建立了长期稳定的合作伙伴关系。因此,2019年也是苏宁拓展海外供应链的关键之年。

7月,我们邀请卡洛·费罗先生一行带领意大利品牌方到访苏宁南京总部。双方深化合作,全面启动以"源味意大利"(Authentic Italian)为主题的系列品牌推广活动,重点打造原汁原味意式生活体验特色,逐步实现意大利纯正潮流商品向苏宁易购品质消费人群的全面覆盖。

9月,苏宁易购完成对家乐福中国的收购,进一步丰富我们采购意商品的渠道。11月举办的第二届进博会上,在意副总理迪马约的见证下,我代表苏宁与卡洛·费罗主席签订合作协议,家乐福成为我们引进意大利饮食的重要渠道。

在ITA的支持下,我们团队与意大利品牌方的接触加速。短短几个月,我们的努力取得明显成效。意式文化和生活开始受到越来越多消费者的欢迎。Bialetti 摩卡壶、Seletti 餐具、Davines 洗发水、Locherber 香薰……众多意大利品牌通过苏宁易购生态走进中国消费者生活。意品牌方朋友们告诉我,苏宁为他们打开了陌生的中国市场,让他们有机会真正了解中国新一代消费者的需求。听他们这么说,我感到非常高兴。卡洛·费罗先生访华时,我对他说:"希望几十年后回顾历史,中意友好合作的桥梁上刻有苏宁的名字。"

期待未来更加精彩

2020 年注定不平凡,新冠疫情席卷全球。受疫情影响,中国和欧洲接连出台"封城"措施。3 月,国内疫情得到初步控制后,意大利多区域暴发。由苏宁国际牵头,我们动员了超市、物流等多个体系加班加点,紧急捐赠了 30 万只口罩驰援意大利。这些年,苏宁在意大利开展业务,收获了意企业、人民的支持,能够在当地需要时提供力所能及的帮助,这对苏宁和我个人来说,都是义不容辞的责任。

今年是中意建交 50 周年,半个世纪来,两个东西方文明的代表始终保持友好关系,相互欣赏、开放合作。苏宁和国际米兰有幸成为这段历史的见证者和参与者,于我个人同样是一段难忘的生命旅程。我相信并期待中意下一个 50 年会更精彩。

从通用集团看中意经贸发展

中国通用技术集团
意大利公司总经理
朱震敏

今年是中意建交 50 周年。中国通用技术集团（以下简称通用集团）早在 20 世纪 80 年代就在米兰设立机构，作为最早进入意大利的中资企业之一，是中意经贸合作的参与者和经历者。

在最初 10 年，也就是 20 世纪 80 年代到 90 年代，通用集团所属公司从意大利引进包括电力、水利、冶金、化工化肥、纺织、铁路技术和成套设备，如北京和广州的乙烯工程、武钢热轧带钢机设备、天津大无缝管坯连铸机设备、北仑港火电厂、仪征化纤、北京至秦皇岛铁路等重大项目，累计金额 20 多亿美元。期间，通用集团与意众多客户在设备采购、技术支持和咨询服务等方面建立长期稳定的关系，积累丰富的业务经验和宝贵的客户资源。

近 10 年，随着业务范围拓宽和规模壮大，通用集团及所属公司逐步形成以节能环保新能源、纺织、医药健康、

轨道交通、跨境电商和服务咨询等为主导的业务板块,以广泛、深入的业务协同为特色的业务模式,将中国的太阳能光伏产品、纺织面料、化学建材、电信电力、汽车零部件等众多产品引进意大利,同时,将意大利生产的高铁产品、机床产品、医疗器械、日用消费品引入中国,金额达数十亿欧元,还与意大利企业在造船、工程承包等方面进行合作。公司多年的业务实践,为中意客户提供全方位、多领域、深层次服务。

近年来,通用集团所属公司与意大利企业在汽车、纺织、精密机床、高端医疗设备、环境治理咨询服务、第三国工程合作等方面广泛合作。通用集团和通用集团意大利公司还通过与意知名工程企业、投资基金、会计师事务所、律师事务所合作,积极打造高端咨询服务平台,为中意企业在公司并购、品牌转让、股权重组等方面提供咨询服务,助力中意双方在高端制造业领域的合作。

通用集团意大利公司及集团所属中国纺织科学研究院与意大 CO.DE.TEX 公司共同成立绍兴科泰斯纺织品检测有限公司。通过将检测服务前移,协助国内面料生产企业与意当地企业建立自己的分销渠道,逐步打通供应链各环节,实现面料经营模式创新。

通用集团意大利公司与中车唐山客车及集团中机公司所属中国轨道装备公司共同入股意大利 BLUE 工程设计公

友谊的故事——纪念中意建交50周年文集

—— 并购项目进行交割仪式 ——

司。这是中国在境外收购的第一家高铁设计公司，为提升中国整体高铁设计水平打下良好基础。

2020年，新冠肺炎疫情肆虐全球，通用集团意大利公司与集团所属公司受意大利政府委托为意组织采购防疫物资，为两国防疫作出积极贡献。

中意拥有悠久历史和传统友谊，2019年两国签署"一带一路"合作谅解备忘录，经济合作正处在承前启后的关键时期。在世界进入依靠创新驱动的时代，随着中国工业化水平提高，两国经济合作已经由传统产业逐步扩大到高端制造业，合作前景十分广阔。

—— 通用技术集团总经理陆益民（右三）访问意大利，与伦巴第大区企业家委员会高层见面。

通用集团及所属意大利公司将在以创新通用、绿色通用、技术通用、健康通用、国际化通用为特色，具有全球竞争能力的世界一流企业的战略指引下，继续加强和意当地企业的合作，积极参与"一带一路"合作和第三方市场合作，提高当地人民生活水平，助力意经济发展。加大市场和业务开发力度，在先进制造与技术服务、医药医疗健康、贸易与工程承包方面，与意大利企业全面合作，创造机遇，携手发展，共创未来。

华为与意大利的故事

—— 华为意大利公司
CEO
缪晓阳

中国和意大利两个伟大文明的友好交往源远流长。早在两千多年前,古老的丝绸之路就让远隔万里的中国和古罗马联系在一起。约13世纪,在《马可·波罗游记》的宣传下,中西交通和文化交流进一步增强。进入当代,沿着古人友好交往的足迹,中意关系不断焕发出新的勃勃生机。2020年是中意建交50周年,也是华为在意大利经营的第16个年头。世界大同、和谐发展是历史的趋势,地球已经变成一个村落。科技日新月异,成为推动经济发展、改善人民生活水平的关键力量。在当下,我们坚信科技不仅仅是抗疫的武器,也是建设创新型国家的关键。华为是最早一批在意大利创立代表处的中资企业之一,16年的经营过程中,意大利政府给华为最大的支持就是提供了一个开放、透明、公平的商业环境。这是市场经济的精髓,我们对此深表感谢。华为重视意大利市场,积极承担社会责任,未来将继续在意投资兴业;

———— 缪晓阳 ————

不仅要成为本地经济的贡献者,也努力传播中意合作共赢的理念,推动两国经贸和投资更上一层楼。

疫情下同舟共济、守望相助

2020 年,新冠疫情席卷整个意大利,意防疫形势一度吃紧。在这个紧急时刻,华为秉承"在意大利、为意大利"的理念,在技术、能力和医疗物资方面作出力所能及的贡献。华为意大利代表处在第一时间与意大利政府和地方机

构联系，与运营商及合作伙伴一起，提供医疗防护设备和技术解决方案，为抗击疫情伸出援助之手。华为向意大利捐赠总计 200 万只口罩和 1000 套防护服；向 16 家医院捐赠 55 套远程视频会议系统、310 套 Wi-Fi 网络设备和 3 套 AI 诊断系统以保证疫情期间的高效沟通；积极响应意科技创新部"数字团结"旗舰倡议，与运营商合作伙伴协同捐赠 1120 个平板和智能机让新冠重症病人能与亲友交流。从 2006 年意大利中部雪崩期间的通信设备与救护车捐赠，再到 2020 年新冠疫情期间的科技抗疫，华为与 6000 多万意大利人民命运与共，在自然灾害与疫情面前同舟共济、守望相助。

为意大利把握数字时代发展机会持续投资

华为公司于 2004 年进入意大利，目前拥有罗马和米兰两处办公区及创新体验中心，在米兰设有微波技术全球研发中心和设计研发中心，在都灵、那不勒斯、巴勒莫等多地设有区域分支，在撒丁岛建立"智慧城市"联合创新中心。2019 年，华为意大利分公司米兰以及罗马新办公区及创新体验中心正式启用，展现长期在意投资发展的决心。华为新办公区采用大量智能设备，并设有创新体验中心，用以集中展示公司在"智慧城市"等领域的技术理念和应用成果。华为将为意创造新的高质量就业岗位，助意提升城市科技发展水平，为意把握数字时代的发展机遇提

华为与意大利的故事

—— 华为米兰研究所 ——

供协同创新和示范展示机会。米兰是国际上知名的微波技术研发地。华为于 2008 年在这里成立全球性微波研究所，用于研究微波以及 5G 技术。100 多名科研人员在这里从事技术研究，目前已申请 30 余项专利。

做意大利人民最喜爱的科技品牌

几年前，如果你对意大利人说："我用的是华为手机。"毫无意外，你会收到一句："呃？你再说一遍，什么牌子？"如今每当出差的路上被问及在哪个公司工作时，我指指手

——— 外国友人使用华为手机拍照 ———

中的手机Logo，大家都会脱口而出："Wow, Huawei！"那一刻我欣喜地感觉到"做意大利人民最喜爱的科技品牌"的荣耀。短短几年间，意大利人民对华为品牌的认知从听说到追捧，华为产品从默默无闻一步步晋升为一个在欧洲知名的中国品牌。华为终端在意大利缔造了自己的传奇，从一部手机到一块手表，再到日益丰富的APP商城，为意消费者带来科技的温度。

"奋斗（Fen Dou）"是我们共同的承诺

华为是一家中资企业，但雇用了大量意大利员工，本地化率高达85%。意大利同事们也在长期的服务中，理解和传承华为"以客户为中心，以奋斗者为本"的企业文化。如今，意大利子公司的华为人都能理解"Fen Dou（奋斗）"这个中文单词的真实含义，以及这种鼓舞华为人前进的价值观。30余年的努力与积累，华为能成为全球领先的信息与通信解决方案供应商，业务遍布全球170多个国家和地区，这背后离不开每一位华为人的不懈努力。

最后，我想借此机会向关心、爱护华为发展的中、意朋友们道一声诚挚的感谢，正是诸位的支持给了我们持续发展的可能。我也想向华为意大利子公司800多名

—— 和ELIS学生合影（居中）——

奋斗在一线的同仁们表示最真切的感谢，没有你们的持续奋斗与无私付出，华为意大利不会有今天的成就。16年来，华为带给意大利社会的贡献与价值，也许不会一眼就看到。除了传统企业都会带来的就业、税收和采购数字外，华为作为一家世界性科技企业，为意大利1400万手机用户带来了全新的科技体验。我们身边的朋友、家人都有一部华为手机；意大利民众家中高速的上网体验背后，承载着华为与本地运营商伙伴的共同努力。华为捍卫着各行业的数据安全与稳定连接，从制造业到金融业，从能源业到交通业。华为希望成为默默无闻的罗马柱，用科技的力量助力意大利的发展。

中远海运在意大利

中远海运意大利公司副董事长：
奥古斯都·考斯里奇
总经理：**胡华**

奥古斯都·考斯里奇从家族公司接过董事会主席的任命时，还清楚地记得 40 年前初到香港的那夜打过的一个电话，将这个诞生于意大利东北部的里雅斯特的企业的未来命运与中国紧密地联系在一起。

考斯里奇兄弟集团是一家在意大利拥有 163 年航运业历史的家族企业，1980 年以前从未涉足过中国业务。改革开放初期的中国，对于考斯里奇家族既新奇又陌生。奥古斯都·考斯里奇作为家族事业的第五代接班人，曾在美国纽约工作多年，他是家族中第一位造访香港这座美丽城市的成员。当他在下榻的富丽华酒店翻看电话黄页时，立即被跃入眼帘的中远海运集团（COSCO SHIPPING）的前身之一、中国远洋运输总公司(COSCO)的 logo 所吸引。随即，他联系上中远驻香港的代表，此后多次应邀赴北京与中远总公司商谈业务合作。

彼时的中远海运集团正欲拓展海外市场和国际运输业务，意大利作为最早与中国建交的西方发达国家之一，正是其走出国门、走向世界极其重要的一站。早在1963年，中远海运第一艘杂货船就曾到过意大利，但其后并未开辟中意间稳定的班轮航线。中意建交10年后，尤其是改革开放之后，两国经贸往来日趋频繁。中远海运决定尽快选择合适的当地代理，大力开拓中意航运业务。

经过多个回合的谈判，中远海运与考斯里奇兄弟集团于1988年末正式签署船舶和货运代理协议。从此，两家企业携手见证了两国远洋运输事业合作的发展历程。

1988年，中远海运第一艘集装箱船"华顺河"轮挂靠意南部港口那不勒斯。

1990年，中远海运开辟第一条中意之间集装箱班轮航线，在中国挂靠上海、天津新港、香港，在意挂靠热那亚。

1994年，热那亚VTE新集装箱码头开业。中远海运的"丽河"轮（M/V Dainty River）作为首艘船舶于5月4日挂靠该码头，装卸箱量1200TEU（标准箱）。

随着业务量稳步增长，合作关系也日趋融洽，双方决定成立合资代理公司。1996年，合资公司Coscos Srl在热那亚成立，总部设在市中心法拉利广场一座雄伟的巴洛克式建筑内（现为利古里亚大区政府办公楼）。1997年，又

—— 1989年1月5日,"华康河"轮在热那亚交付中远海运,并庆祝中远海运第一艘集装箱首航意大利。考斯里奇家族成员登轮,与进行船舶交接的德国船长和中国船长亲切交谈。

先后在那不勒斯和米兰成立分公司。

1997年和2000年,中远海运先后开辟了意大利到美国和到西非的直达班轮航线,2001年开辟了地中海区域内航线。

2000年,公司员工达到70人。合资公司Coscos Srl在热那亚老港(Old Port)一座新建的现代化大楼内购买了办公室。从此,中远海运在意拥有属于自己的办公室。

2004年12月,时任意大利总统钱皮在访问中国期间,在北京会见了中远海运集团管理层。

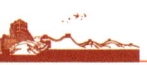

1999年2月，中远海运另一个前身中国海运集团旗下的中海意大利公司于热那亚成立。同年10月28日，随着LYNX轮首次靠泊那不勒斯港，中海意大利公司正式开启意大利业务。2015年，中海意大利公司成功亮相米兰世博会。中国海运展台及"中国海运日活动"成为展会热点，在充分宣传中国航运品牌的同时，为中意友好合作添砖加瓦。

2016年，中远与中海两家航运企业合并成立中远海运集团，2017年，两家企业的意大利公司也整合为中远海运意大利公司，公司规模达到150人。

中远海运在意业务规模伴随着两国人民友谊及经贸往来一起成长。

1990年第一条靠泊意大利的集装箱班轮为1200TEU，船长147米。而今靠泊意大利的中远海运船舶为14000TEU，船长360米。

1990年，中远海运仅有一条航线从意大利出发至中国，在意仅挂靠热那亚一个港口。而今中远海运有6条远洋干线和7条近洋支线船舶挂靠意12个港口，从意出发的中远海运船舶可抵达中国、东南亚、南亚、中东、美国、南美东、东非、西非、地中海、黑海、西北欧等国家和地区，货运服务已覆盖意全境及世界各地，真正做到从全球承运向承运全球转变。

—— 意大利考斯里奇兄弟公司的部分董事会成员和员工应"华泰河"轮船长邀请，在热那亚港登轮与中国船员联欢，共庆1993年春节。

1990年，中远海运在意大利承运进出口集装箱货量3万TEU，2008年达到20万TEU，2019年已成长至43万TEU（不包括新收购的东方海外公司），其中承运的中意间进出口贸易货量达到18万TEU。

1996年，合资公司刚成立时共有31名员工，其中中方外派员工3人。2020年，公司员工达到150名，其中中方外派员工4人。中远海运事业为意创造更多工作岗位。

2018年和2019年，中远海运意大利公司连续两年

—— 中远集装箱

为中国国际进口博览会的意大利参展客户提供运输服务。2019年9月，由中远海运承运的第二届进博会首批展品（2个20英尺冷藏集装箱）在意热那亚港正式装船启运。中远海运意大利公司根据需全程恒温运输的展品特点，定制了个性化物流解决方案，配备专人专案负责，保证货物安全准时抵达展会，赢得客户称赞。

2017年3月，中远海运港口有限公司完成项目交割，收购了APM Terminals VADO Holding B.V. 公司40%股权，VADO Holding公司旗下包含瓦多冷藏码头及瓦多集装箱码头。瓦多冷藏码头是欧洲南部最大的冷藏码头，拥有5万平方米的冷藏仓库；刚刚竣工的瓦多集装箱码头是

意首个半自动化码头，前沿水深达到 17.25 米，可靠泊作业当今世界上最大的集装箱船舶。

2019 年 12 月 12 日，瓦多集装箱码头 1 号泊位工程完工并举行开港仪式，2020 年 2 月 12 日正式商业运营。

借助投资瓦多港的契机，中远海运将通过瓦多码头、冷藏仓库及内陆多式联运体系，连接海运港口及广大内陆腹地，打通陆海铁一体化服务通道，推动产业链向纵深发展，为客户提供更高效的全程物流解决方案，更好地为中意经贸往来服务。

—— 中远货轮

—— 中远停靠码头 ——

2020年，新冠疫情在全球暴发蔓延，中意人民守望相助，两国关系更加紧密。

2月，考斯里奇家族通过中远海运慈善基金会向中国疫区捐款10万欧元。

3月，中远海运集团分两批向意大利利古里亚大区捐赠5万只口罩、1175件防护服等，总价值55万元人民币。

2018年6月，当奥古斯都·考斯里奇的夫人路易莎应邀作为中远海运特运"天佑"轮的教母前往中国，在船舶

——— 中远运输车

下水仪式上敲碎香槟为该轮庆生祈福时，考斯里奇家族感到无比荣耀，同时也为30年来服务中意经贸往来深感自豪。

今年55岁的马可·唐纳迪是最早加入代理公司的当地员工之一，如今已成为中远海运意大利公司的副总经理。刚进公司时，他还是一名外勤业务员，负责联系船舶靠泊作业、向港方和海关传送进出口舱单。当年他彻夜等在传真机前，收取进口货物舱单，再骑摩托车飞奔至码头。一次大风将舱单从摩托车后座吹走、散落一地，船舶抵港前他反复用船用高频呼叫船舶，以确定船舶动态联系码头泊

—— 中远运输车 ——

位……如今，中远海运服务已经实现舱单电子化适时传送、船位24小时适时定位，客户在线上即可下单订舱、在家即可远程打印货运提单，瓦多码头也正在建设智慧港口、智慧码头。随着航运业务的繁荣发展，数字化正在深刻地改变这个他工作了半辈子的行业。

弗朗西斯科·巴贝利原是职业足球运动员，退役后应聘加入中远海运团队。这是他职业生涯的最后一次加盟，此后再未"转会"离开。他职业生涯中的高光时刻，既有随球队取得重大比赛胜利、举起奖杯的那一刻，也有在2014年与同事一道成功承揽8座由意大利制造、中远海运半潜船"夏之远6"轮承运的巴拿马运河新船闸闸门

中远海运在意大利

后，被评为公司"洋劳模"、披上绶带的那一刻。他感受到，中意合作不仅惠及两国人民、第三国乃至更多人民，同时开出友谊之花、结出合作之果。

弗朗西斯科的女儿同奥古斯都·考斯里奇的女儿一样，如今也在努力学习中文。他们的父辈曾经用青春和汗水见证了中意航运事业的发展历程，而两国间还有很多美好的故事，等待她们去探索、去体验、去品味……

一项成功的空间科技合作

—— 中华人民共和国科学技术合作奖、
中华人民共和国成立70周年
纪念章获得者，米兰理工大学教授
法比奥·洛卡

我很高兴在此分享我与中国科研人员在文化、科学交往上的经历，感谢中国驻米兰总领事馆给我提供了这次机会。

我一直都有与中国科学家和学生直接接触的愿望，欧洲空间局（ESA）和中国科技部国家遥感中心（NRSCC）合作的"龙计划"实现了我的愿望。我从1991年起一直与欧空局合作开展雷达卫星设计使用项目。"龙计划"始于2004年，现已开展到第五期，旨在汇聚中欧的科研人员对欧洲和中国先后建立的太空对地观测系统进行研究和发展民事应用。这也是我数十年来在米兰理工大学的研究领域。

太空对地观测，或者说卫星遥感，一直是人造卫星的最重要应用之一。它的应用非常广泛，我举几个例子：测

一项成功的空间科技合作

量北京的空气质量、土壤湿度，测量风况、海洋风暴，海岸带调查，发现脱离地面雷达的船只，研究森林、城市发展、农田以及陆地移动等。2016年在武汉举办的第四期"龙计划"首场会议上，中欧600多名研究人员和200多个研究小组在遥感的各个领域就28个不同的课题开展合作。

这些项目的发展促使欧空局建造并发射了诸多光学及雷达观测卫星。光学观测采用被动方式，利用阳光在被观测物上的反射。但这些图像的拍摄依赖日光，即便只是有轻微的云层覆盖也无法再进行。而雷达系统则利用远低于可见光频率的电磁波穿越云层，像牙医镜中的灯泡一样，无须其他光源即可照亮被观测物。该系统是全天候的，随时可获得目标图像。得知卫星的位置就可以制作出地形图。鉴于卫星的重要性，20世纪90年代末以来我们一直在米兰理工大学做一项研究，通过将相邻物体作为参照物，测量物体毫米级别的相对位移。

对于武汉大学LIESMARS大地测量与遥感研究中心的李德仁、廖明生教授来说，"龙计划"的启动可谓是难得机遇。筹备"龙计划"时，我们开启了一项一直延续至今的合作，10余年来成果丰硕。2003年12月，廖教授参观了我们在米兰的一个小项目TRE。用我们的方法，TRE可以绘制出毫米级精度的城市沉降图。这种方法还可以跟踪山坡的演变，测量地震后的地面运动以及发现桥梁或建筑倒塌前的征兆。

合作开始后,武汉大学才华横溢的学生王腾被派往米兰理工大学,来到我的研究小组,随后他获得了两所大学的博士学位。该研究的一个重要目标是宏伟的三峡大坝,该水库由长江堤坝引流而成,从三峡到重庆,绵延600多公里。

2004年,作为此次合作的一部分,我和王腾一起参观了三峡大坝,乘船考察,探访可能发生滑坡的地方。我还记得在宜昌三峡大坝换乘船时的情形。夜幕中关着的闸门如同天堂之门一样宏伟。我们参观了水坝,记录了水坝上安装的所有地形测量仪器的数据,并打算用卫星以更高的精度重新测量。这在当时似乎不可能,但王腾成功了,并以此完成了博士论文。他在新加坡和沙特阿卜杜拉国王科技大学任教多年后回国,现在北京大学任教。旅途中,我是船上唯一的西方人,显得颇为特别。而今天,这些游轮挤满了来自世界各地的游客。

从那时起,我开始在武汉系统性地教授一门课程。众多武汉的交换生来米兰学习。与此同时,我也要求今后进入我米理研究团队的成员要在武汉交换一段时间,体会那里学生的奉献精神和对知识的渴望。米兰的一位研究人员娶了中国姑娘,然后在香港中文大学任教。我于2010年退休后,与中国的联系也没有中断。现在"龙计划"在米兰的负责人是我的同事斯特凡诺·特巴尔迪尼,他利用可产生三维图像的雷达层析成像技术从事森林和冰川研究。

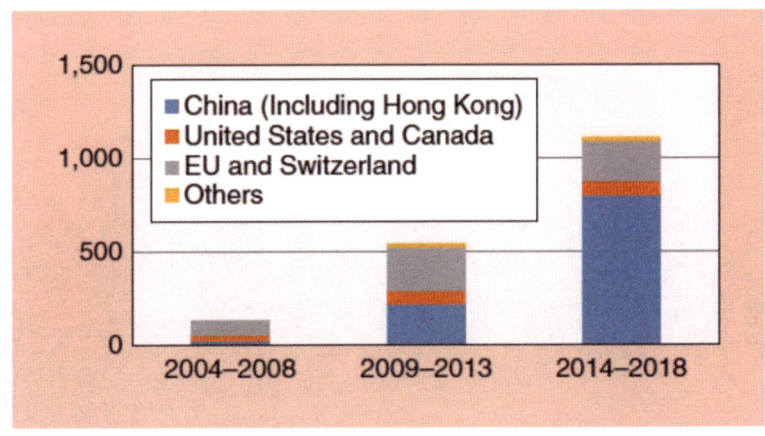

—— 不同时期雷达遥感研究类出版物数量对比 ——

他同样热爱中国文化，与武汉大学、北京林业大学都签了合作协议。另一位米理的教授安德烈·蒙蒂·瓜涅里则与中国科学技术大学就地球同步雷达卫星设计项目一直保持来往。该卫星处于相对地面的固定位置，可以日夜连续观测。这次他还与北京理工大学开展了交换生项目。许多年过去，中国致力于用雷达技术做卫星遥感研究的科学家人数已大大增加。值得注意的是，如图所示，一开始该领域的工作主要集中在欧洲，中国只占约 10%，如今比例已经反转，中国约占 70%，欧洲仅占 10%。中国出现了越来越多的研究团队，硕果累累，促进了雷达遥感产业发展。

除了科研合作，人文交流也值得一提。经常有从武汉

—— 官方颁奖庆祝仪式，居中为刘延东副总理 ——

或北京远道而来的科学家，一到米兰，便想让我们带他们去华人街，聊解乡愁。他们总是说米兰的街头人少。现在疫情使我们习惯了米兰和武汉空旷的街道，但在当时是很新奇的。疫情先袭击了武汉，他们封城的时候，我经常通过互联网与我的武汉同事交流。接着米兰封城了，武汉开始解封。武汉的朋友们通过DHL给我和斯特凡诺寄来了那时在意大利还很难买到的口罩。

每年我都有一段时间在中国上课并借此机会四处观光。我去过西安、上海、北京、厦门、南京、昆明、丽江和香港。我热爱街头小吃，去过很多次武汉码头，因为有著名的小吃市场，那里所有的美食我都尝过。在众多的旅

一项成功的空间科技合作

行中，我还记得以武术、功夫和少林寺而闻名的嵩山。但因当时我们是去一个高处的观景站，只能远远地眺望一群孩子在练拳。总之，风景很美。

因为这些密切的合作以及丰硕的成果，我很荣幸在2013年被授予中华人民共和国科学技术合作奖。颁奖仪式于2014年1月9日在人民大会堂大厅举行，习近平主席出席。几天前我还在耶路撒冷陪我的儿孙，接着我从特拉维夫乘飞机去了北京，在那里我与廖教授见了面，他帮了我很多忙。颁奖典礼那天，我们早晨6点就起床，先是在酒店经过一道安检，然后被带到举行仪式的位于天安门广场一侧的人民大会堂。数百位研究人员和科学家出席，挤满了整个大厅。工作人员说，我们这些来自不同国家的获奖科学家将组成一个小组到奖台上领奖，而站在小组中间的人会从习主席手中接过奖项。组内顺序很重要，因为每个获奖者都将由不同的人授奖，为了避免颁错，我们必须站在相应的位置上。我很荣幸能站在奖台中央，习主席亲手为我颁奖。我从主席手中接过奖后，要转身向大厅里的人挥手致意。工作人员事先告诉我应该逆时针转身，否则会有失礼貌。习主席马上就发现了我的疑惑，微微地指了指我应转的方向，我心领神会。事后，我从电视画面中翻拍下照片，把这一刻记录下来。颁奖结束后还有刘延东副总理出席的官方庆祝仪式，以及丰盛的宴会和精彩的文艺演出。活动结束后，我乘高铁回到武汉，继续我热爱的工作。2019年，我很荣幸又获得中华人民共和国成立70周年纪

—— 习近平主席为洛卡颁奖

念章,这次是由中国驻米兰总领事馆举行仪式为我颁发。

中国科学家对工作充满热情,具有奉献精神,我从他们身上学到很多。自"龙计划"启动以来,中国的太空计划得到了极大的发展,雷达卫星数量大幅增加。一个能始终跟踪目标的地球同步卫星正呼之欲出。该卫星距离地球36万公里,将安装直径24米的天线,在技术上领跑全球。

"龙计划"取得成功,当年参与计划的学生们今天已成为老师。

搭建彼此了解的桥梁

米兰国立大学
孔子学院意方院长
兰珊德

1970 年 11 月，意中建交的消息传到罗马大学（现 Sapienza 大学）的时候，我们中文系学生十分高兴：终于能上现代汉语课了，终于有来自中国的老师上课了！当时，我们的汉语课和中国文学课内容都是中国古典文学作品，不包括逐步走上国际舞台的当代中国作品。我们成立课题组，一起读报、座谈，但是没办法接触到关于当代中国的一手资料。

之后，随着首批意中高等教育双边合作协议的签订，三位汉语公派老师来到意大利，分别到了威尼斯大学、罗马大学和那不勒斯东方大学。同时，北京外国语学院（现北京外国语大学）和上海外国语学院（现上海外国语大学）开设了意大利语系。那时的我刚毕业，获得奖学金在那不勒斯东方大学做研究，负责迎接刚从北京来罗马的中国教授并陪他去那不勒斯。我还记得当时我有多么兴奋！我的汉语口语，除了一些来自孔子的短语（如"有朋自远方来，

不亦乐乎")以外,大多是非常基础的。我很难找到合适的方式告诉新来的老师关于日常生活的一些重要信息,难以完成给他介绍全新学术和生活环境的任务。几个月后我才意识到,那位老师付出了多么大的努力来适应在那不勒斯两年的生活。不仅是环境与原来大不相同,而且意大利大学不像中国大学给教师提供食宿、基本医疗保险等后勤保障。幸亏他会说西班牙语。

1974年2月,我成为上海外国语学院的首位意大利语公派老师。那年首次到北京(当时没有航班直飞上海),不仅有意大利大使馆的官员正式迎接我,而且有一位意大利语学者从上海来接我。她意大利语说得很标准,陪我参观了北京的长城、明十三陵等名胜古迹。到了上海,我立即在市中心一家大酒店舒适的套房里住下了,这套房成了我近两年时间的家。如此,我开始在那所重要的大学教书。班里有18个学生,他们的年龄和我差不多,是按照国家需求计划选拔,并将成为政府部门或大型国有企业的翻译。我马上就开始了我有序、有计划的新校园生活,一边教意大利语一边继续学习汉语,试着习惯在一座几乎没有外国人的城市里生活。这段经历不仅对我以后的学术生涯而且对我个人的生活都很重要。在当地的亲身经历以及日常学习和工作活动让我了解到,不但要学会外语,而且更要学会和其他人进行真正有效的交流,建立长期广泛的合作关系。

搭建彼此了解的桥梁

—— 1974年6月在虹桥人民公社上课 ——

  40年后的我想对当时又有耐心又乐于助人的中国同事表示真诚的感谢！虽然当时中国还面临各种困难，但他们坚持不懈培养意大利语翻译家，并帮助我了解当时中国的各个方面。我脑海里无数回忆中的一个印象非常深刻的片段，是我在虹桥人民公社参加四个星期的开门办学。当时那个地方是农村，现在是上海郊区的优雅住宅区。我和我的学生在一些农民的家中住了一个月左右，一起体验乡村简单而严格的生活习俗。每天都要在田里干活，下午全班上口语课，用意大利语交流各自生活经历。我给他们讲美丽的意大利，讲我的家庭和学业，他们向我讲述自己家的故事，他们的过去，他们的梦想。

—— 1974-1975、1977、1978-1979年的学生和同事参加我70岁的生日聚会。——

通过我的学生，我学到很多现代中国的知识，我们热衷于分享各种不同的生活习俗。

这些共同经历为我们此后的团结与友谊奠定了基础，我们的友谊持续到现在。最近我在上海和当时的学生和同事一起过了70岁的生日！

我在中国待了一年半左右返回意大利，先在那不勒斯东方大学，后在米兰国立大学教授汉语，同时继续翻

搭建彼此了解的桥梁

译研究中国古代文学，并研究现代和当代中国文化。意大利学生的经历以及学习目的完全不同于中国学生，但对中国语言文化还是很感兴趣。20世纪80年代改革开放后的中国在全球的作用越来越大，在学术方面，教育部提供奖学金的大学生交换项目大大增加。通过大学之间协议以及国际学术计划，教师交换项目也有序增加。

米兰市开放、有活力。1979年，米兰和上海成为友好城市。1985年在米兰开设全意首个中国领事馆。80年代米兰国立大学政治科学学院开设汉语课，开创全伦巴第大区先例。后来伦巴第大区的其他大学也陆续开设了汉语课程。但是最大的变化发生在90年代末和千禧年间，意中经济和文化交流持续增加，培养了解当代中国各方面的专家变得越来越紧迫。需要能看懂汉语资料和文件的人，也需要能够管理日益复杂工作关系的人。不仅需要翻译家，还需要真正的文化架桥人，来满足国际化和专业化需求。深化相互了解是面对挑战的有效合作方式。开设国际化的培训课程变得十分重要，让中国学生来意大利、意大利学生去中国。2000年，两国的大学生留学机会还是不多，后来开始呈指数级增加。如今意大利大学有两万多中国留学生，也有数千意大利留学生去中国学习研究。这些也为两国关系奠定了越来越坚实的基础。

最后，我们不会忘记近几年全意12所孔子学院对于推广中国语言文化作出的贡献，在不同的机构包括小学、

—— 2009年11月30日，Sesto S.Giovanni校区，米兰国立大学校长Enrico Decleva和辽宁师范大学校长曲庆彪出席米大孔院的开幕式。——

初中和高中推广中国语言文化教学。值得一提的是，每所孔院都是一对意大利大学和中国大学合作的成果，这种国际学术合作涉及不同方面。

米兰国立大学孔子学院于2009年成立，在米兰和伦巴第大区设有四所孔子课堂。另外每学期安排各个水平的汉语课程，让很多米兰市和伦巴第大区的居民接触到汉语和中国文化，通过HSK考试（米兰国立大学1994年设立HSK考点），并获得奖学金去中国留学进修汉语。近年来我们举办数百场文化活动，出版两本词典，《米兰

世博会意英汉营养大辞典》和2019年出版的《意汉意大利葡萄酒与葡萄品种词典》。后者是语言学习和工作的重要工具，有助于意中葡萄酒专家、消费者和葡萄酒爱好者之间的交流和沟通。

对知识的渴望推动了这些年的工作和学习，现在更成为增进相互了解的基础。

我们还要继续走下去。

"东方闪耀的光"
——1995-2020年我的经历和展望

昂布罗修图书馆馆长
傅马利

25年（1995-2020年）来，我游走和生活于米兰与西安、北京、杭州、香港、济南、南京、重庆和拉萨等城市，同中国学术和文化界人士密切交流。在我印象中，意中建交50年来，两国建立了紧密且积极的关系。米兰自古以来一直关注并重视同亚洲国家交往，将思想与商业传向东方：在古罗马帝国时代，从罗马门到拉文纳和君士坦丁堡；在中世纪，从威尼斯门到威尼斯共和国和耶路撒冷；近代以来，从热那亚门经里斯本和澳门到"中华"；现今则面向上海，她与米兰这对友城因分别举办2010和2015年世博会而更加交融。即使在2020年新冠肺炎大流行的艰难时期，中国与伦巴第大区之间的团结合作也以有效、动人的方式展现出来。习近平主席的"一带一路"倡议受到普遍欢迎，其中蕴含的团结含义也是沿着玄奘、马可·波罗、伊本·白图泰、郑和这些探索世界的先行者走过的伟大海上航线与陆路航线及

—— 《万国全图》 ——

现今的空中航线与网络路径发展的。

　　1616年6月，天文学家罗雅古（Giacomo Rho）、自然学家邓玉涵（Johannes Schreck）和人文主义学者金尼阁（Nicolaus Trigault），这三位曾在昂布罗修图书馆学习过的科学家、传教士带着红衣主教费德里科·博罗梅欧送给皇帝的礼物——伽利略的望远镜，离开米兰，沿着马可·波罗和利玛窦当年走过的路线前往北京。同时，在徐光启和杨廷筠等中国科学家、作家的支持下，昂布罗修图书馆也收藏了许多来自中国的珍贵古籍。这些古籍已与《马可·波罗游记》和1623年艾儒略（Giulio Aleni）在杭州编辑的《万国全图》等被列入馆藏。本着这种友好和合作精神，2004年，中国代表团参加了昂布罗修图书馆成立400周年庆典，

友谊的故事——纪念中意建交50周年文集

—— 2004年，中国代表团参加了昂布罗修图书馆成立400周年庆典。——

并赠送"九龙壁"的珍贵复制品。1604年，在米兰建造当时欧洲唯一的大型公共图书馆之前，浙江宁波就在文官范钦的倡议下建起了辉煌的图书馆——天一阁，现在那里成了公立博物馆。虽然彼此相隔万里，但两个图书馆的建立却展现了两国文化路径的一致和以古老文明为基础的文化视野的和谐。

四个世纪以来，意大利与中国在艺术和政治上的交流持续不断，从清朝时期著名的米兰宫廷画家、耶稣会士郎世宁（Giuseppe Castiglione），到改革家梁启超仰慕的马志

尼·卡沃尔和加里波第；从受邀到北京遵循切萨雷·贝卡里亚精神参与改革合作的意大利法学家们，再到后来成为教皇庇护十一世（1921-1939年）的原昂布罗修图书馆馆长阿奇里·拉蒂。

1949年10月1日，在"屈辱世纪"（1839-1949年）之后，毛泽东在天安门城楼上宣告中华人民共和国中央人民政府的成立，中国人民从此站起来了。1971年，维托里诺·科伦坡参议员作为首任意中协会主席抓住有利契机，推动两国在经济、政治、艺术、文化和宗教领域的全新交流。

邓小平倡导的改革开放开始后，1995年，在恩里科·加尔比亚蒂主教、昂布罗修图书馆馆长、红衣主教吉安弗兰科·拉瓦西及他的继任者佛朗哥·巴齐的鼓励下，我开始在意中协会学习汉语。在米兰玛格丽塔·史塔佩里和西北大学周嘉向等教授指导下，我迷上了将学习与友谊相结合的《论语》："学而时习之，不亦说乎？有朋自远方来，不亦乐乎？"

交往日益频繁和深入，交流成果也日益丰硕。与昂布罗修图书馆进行合作交流的有来自中国社会科学院、浙江大学、香港汉语基督教文化研究所、中国人民大学、清华大学的任延黎、王美秀、陈村富、黄时鉴、陈越骅、杨熙楠、丁方、王晓朝和傅有德教授等。在1997-1998学年，意中协会和昂布罗修图书馆合作在米兰圣心大学举行了与中国文化相遇系列活动,之后开启了现在广受好评的中国语言文化课程。在教皇乔瓦尼·保罗二世(1978-2005年)宣告的2000年圣年期间,中国社科院组织了一次大型的"宗教与和平"国际研讨会,红衣主教罗哲·埃切加雷参加了该研讨会。浙江大学出版社在2008年出版了由我部分论文编纂而成的《米兰昂布罗修图书馆与中西文化交流》一书。

2000-2010年,在与任延黎、陈村富和杨熙楠教授的密切、友好合作下,米兰和中方签署了多项合作研究计划,也取得累累硕果。2008年10月,在浙江省国际文化交流协会的帮助下,米兰大主教、红衣主教迪奥尼齐·泰达曼琪在昂布罗修图书馆成立昂布罗修学院,共设7类课程。其中亚洲课堂还设立中国文化研究所,上述三位杰出的中国教授均是创始人。如今,昂布罗修学院在全球范围培养了600多位学者,亚洲课堂出版的9卷"昂布罗修亚洲"系列丛书中收集了众多用中文、韩文、日文、英文、意大利文和其他欧洲语言写成的研究成果。

我生活在米兰,这个城市是意大利与中国贸易往来最多的地方。自2006年以来,我一直从事中国语言文化课程的教学。这些课程在当地很受欢迎,在圣心大学布雷西亚分校也已开设。多年来,在与汉学家夏慕华(Chiara Piccinini)和佩拉琴(Enrica Peracin)等多位教授的共同合

——— 2000年，出席"宗教与和平"国际学术研讨会（二排右七）———

作下，一系列围绕"春秋"计划开展的有关艺术和文学主题的研讨会定期在大学图书馆举行。同时，在2006-2014年间，我应邀在浙江大学担任副教授，同陈村富教授领导的文化与宗教研究所开展合作研究。几乎每年我都有机会在不同的中国大学里介绍达·芬奇的天才之作以及他自1637年起保存于昂布罗修图书馆的《大西洋法典》。2009年清华大学校长访问昂布罗修图书馆后，双方建立了定期联系机制，并促成2016-2017年在清华美术馆举办的达·芬奇大型展览。本着互惠互利精神，中国艺术家艾敬曾在2010年上海世博会展出的作品在昂布罗修博物馆开展，这也是本博物馆第一次为中国艺术家设展。同时，许多杰出的中国艺术家如何水法、崔如琢、丁方等也加入昂布罗修学院的"亚洲课堂",博物馆收藏的中国作品也越来越多,如何水法的国画作品《水果》等。

双方络绎不绝的文化交流还涉及哲学、历史和宗教领域。陈村富、任延黎、伦佐·卡瓦列里、王美秀和杨熙楠教授积极参加在米兰举行的国际研讨会,详细介绍了中国的宗教现状和基督教在中国的发展情况。在此背景下,双方达成翻译出版圣昂布罗修主教著作的计划。这些作品中的第一部是关于"神职人员职责",由浙江大学教授及昂布罗修学院成员陈越骅翻译,2015年由香港汉语基督教文化研究所出版。

我们合作的另一方面是在意大利和中国筹办系列展览,让更多人了解两国丰富的历史和艺术遗产及千年传统文化。本世纪初,在米兰布雷拉国立图书馆的倡议下,昂布罗修图书馆与中国西北大学周嘉向教授合作对布雷拉国立图书馆的中文古籍进行了分类整理,同时对昂布罗修图书馆收藏的中国古代文物和部分手稿进行了分类整理。这项工作为在意大利和瑞士举行的一系列展览铺平了道路,旨在宣传中国伟大的艺术和文化传统,加强米兰、欧洲和中国之间紧密的文化联系。

"东方闪耀的光"——1995-2020年我的经历和展望

近十年，意中两国在艺术、文学、哲学和科学领域合作取得的成果更加丰硕，亚洲和欧洲的宗教及其传统之间的关系（包括与中国天主教会）变得更加和顺，这些日益增长的交流在2010年上海世博会和2015年米兰世博会期间得到充分体现。

许多世纪前就开始的文化、科学、经济、宗教关系在今天不断取得新的发展与深化。在文化层面，米兰从2015年世博会就开始脱颖而出，达·芬奇《大西洋法典》系列展览在2008至2019年期间分别在耶路撒冷、东京、新加坡、北京、香港等地举办全球巡展，其中最重要的一次是2016-2017年在清华大学举办的双年展。这次全球巡展在各国人民之间宣传科学与和平，通过艺术与美学，让人们在人文、科学、哲学及科技方面的对话中，直面不同文化对比。2019年在意中协会的支持下，由香港城市大学和昂布罗修博物馆共同筹办的达·芬奇手稿展览在香港举办，让保存在昂布罗修博物馆的意大利艺术杰作在国外展出成为现实。这表明即使是在看起来相距甚远的两个国家之间，文化精神之"道"也有助于搭建对话与和平的桥梁。艺术、科技、人文、社会之道越来越成为现代丝绸之路的重要组成部分，它们在保留不同民族各自文化和传统精神的同时，共同建设有利于人类博爱的新人文主义。

人必有痴,而后有成

中意国际学校校长

李雪梅

2020年1月24日,庚子年春节如约而至,精彩纷呈的"金鼠报春"联欢晚会在意大利帕多瓦科利剧院隆重举行,这是我带领中意国际学校举办的第七届春晚了。

当天,威尼托大区教育厅与帕多瓦省、市教育局的主要负责人都亲临会场,本校师生和家长与威尼托兄弟学校的师生共计400余人一起度过这美好欢乐的时刻。中国人爱红,红色对于国人来说,是美满,是欢乐。我特意安排舞台上垂挂着大红幕布,剧院的门窗以及座椅也用红色装饰,呈现出中国传统节日特有的喜庆。

当时的我心情极其复杂,因为就在两天前,一种叫作新冠肺炎的传染性疾病肆虐在中华大地上。

当主持人宣布晚会开始并请校长上台致辞时,我在众人注目下稳步登台,面对全场的中国同胞与意大利友人,怀着满腔的热忱,发出为疫情重灾区武汉祈福、愿中华儿

女幸福安康的心声。我和我的先生王福生带头为武汉灾区捐款,并及时通过各种渠道运去救援物资,尽一份海外游子的微薄之力。

　　白居易曾言:人生未死间,变化何终极。

　　几乎刹那间,新冠疫情也打乱了意大利的安宁。怀着感恩和回报第二故乡的心情,我马上组织全校师生加入威尼托大区抗疫组,积极参与各种社会救援活动,捐款捐物。这期间,我带领团队为华裔青少年和威尼托各学校学习中文的学生开设了公益课堂,通过学校的教学平台为华侨华人多次举办大型公益讲座,邀请国内知名医学专家做疫情介绍、心理疏导以及中医护理简介。有人说公益与慈善事业不应由一所学校来做,但所谓教书育人不就是言传不如身教、身教不如境教吗?我相信,中意国际学校的学生见证了他们老师的义勇与付出,收获的不仅是网课所教的知识,更是一场生命与人性的教育,一种对于人间大爱的感悟。

　　多么相似的经历啊。回首12年前,2008年中国汶川地震发生后,那时我也是即刻带领金龙学校全体师生捐款捐物。时光荏苒,变的是时间,不变的是我对祖籍国的思念和祝福。

　　疫情之中,我们看到不同的人生处境,也看到不同的

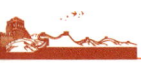

社会与世界；也许，变化永远都是主旋律，不变的是我们许给自己的那颗初心……我时常想，如果一切重来，我不会后悔在意大利为华人子女教育所做的一切，因为那种对于教育的痴念和执念很早就扎根在我的内心深处了。

谈到我来意大利办学的初衷，需要把时光的年轮向回拨动，顺着来时的路慢慢去找寻那点滴信念，去找寻那支撑我远行的风帆。

一、苟怀教育初心，意国初盘游

我于1983年毕业于辽宁师范学院中文系，此后一直在国内从事中文教学工作。父母的教育，让我从小浸染在传统文化的气息中。自己成为母亲之后，培养孩子的亲身体会让我懂得教育的不易。1991年，我来到意大利与在此攻读博士学位的丈夫团聚，在那段时间里，我亲身感受到了海外华侨华人子女在华文教育方面的需求。我想为那些渴望学习中文的小朋友，为我的同胞们做一点有益的事情。

到意不久，佛罗伦萨某协会请我去教中文和中国历史。当时，一位意大利朋友开车带我在佛罗伦萨与普拉托之间频繁辗转，大部分时候我还需住在她家才能有精力更好地备课。

后来帕多瓦两个协会邀请我去教中文。我的努力赢

得了良好的教学效果和口碑，威尼斯大学的许多学生找上门来，请我给他们做辅导。在我的帮助下，他们个个都以满分通过了考试。当时我先生开玩笑说，别人都是慢慢教，你教两次就让人家通过考试，这样手上的学生不是越来越少了吗？我回答说，既然是教书就要正直有诚心，讲究师德。采得百花成蜜后，为谁辛苦为谁忙？当时的我，就是抱着一颗简单的教育初心，认真上好每一分钟的课便是我最坚定的追求。在这个过程中，我的内心很充实也非常快乐！

二、滋兰之九畹，树蕙之百亩

岁月不居，1995年，经威尼斯大学一位教授的举荐，我以第一名的成绩被威尼斯大学翻译系正式聘用。不久，我便跟威尼斯大学的一位教授共同组建了中文部。在随后的教学工作中，我一边带老师，一边培养学生。记得那时我一下课，总有老师在门口等我，问我一些汉语语法问题；在教学中遇到难点，也愿意跟我探讨。短短的课间十分钟，我没有休息的空隙，常常给老师们解答完问题，又要去上课，连喝水时间都没有。尽管这样，我仍乐此不疲。时任翻译系主任费奥伦佐·拉费伦查在我编写的《名词量词搭配词典》序言里写道："李雪梅教授在威尼斯大学教授语言文化课程十几年，在这段时间里，她不仅成为学生们信赖的导师，把大部分精力献给了他

友谊的故事——纪念中意建交50周年文集

—— 李雪梅校长工作照

们，而且给同事们也提供了宝贵的经验，尤其是在汉语语法方面，大家受益匪浅。"

在威尼斯大学19年的工作中，我培养了无数的本科生和研究生，其中一名学生获得了"汉语桥"世界大赛第二名。业余时间，我义务帮助华人朋友的孩子学习中文。我认为华文教育如果只是教识几个汉字或者说几句中文是不够的，一定要让孩子们学习中国文化，留住自己的根；另外，中华文化的博大精深也应该从那些喜

人必有痴，而后有成

欢学中文的外国学生身上传播出去。

随着上门求学的孩子越来越多，家教已经无法满足需求。2001年2月，在当地华人商会和家长的支持下，我创办了意大利金龙学校。目的非常简单，就是给华人华侨子女一个稳定的学习中文的环境。

创校之初筚路蓝缕，没有固定的校舍，我就四处奔走找校舍；没有教材，我就自己编写教材；没有教师，我们夫妻俩就一个人教一个班。但是，无论怎样举步维艰，我们都坚持把"高标准、严要求"作为治校的准则和红线。功夫不负苦心人，经过几年的努力，金龙学校逐渐发展成为威尼托大区最大的华校，教学区域跨越伦巴第和艾米尼亚·罗马涅等几个大区，覆盖意大利北部十几个省。面对一系列辉煌的教学成果，我倍感欣慰。2011年，金龙学校被中国国务院侨办授予"海外华文教育示范学校"。有了这样的殊荣，我更加踌躇满志，下定决心，一定要把学校办好！

为了加深海外华裔青少年对中华传统文化的认识，从2002年起，我每年都组织学生参加"中国寻根之旅"夏令营活动，并亲自带队，连续几年创下百人团的记录，渐渐创出金龙学校的品牌项目。

在一次夏令营中，有一个学生因家里困难，父母不愿意给他买机票去中国。这个孩子跟我说："校长，我真的很

想去中国看看。"当我听到这句话的时候,我的眼睛湿润了。在征得他父母同意后,我自掏腰包为这个孩子买了机票。孩子临出发前,我又拿出一千元人民币给他作为在中国游学的零花钱。

三、不要人夸好颜色,只留清气满乾坤

2007年2月18日,恰逢中国农历戊子年春节,由金龙学校搭建的新春汇演大舞台亮相于帕多瓦市中心广场。我最新出版的高校汉语系列教材《你好,中国》作为大型汇演的主题,参演人员是金龙学校师生与当地华侨华人。当我一身红装上台讲话时,见到台下观看演出的市民人头攒动,各大报社、电视台记者的镜头也对准了我,一种民族自豪感与文化自信油然生起。在中国崛起的大背景下,"金龙"这艘文化之舟承载着中意人民的友情,乘风破浪、勇往直前地行驶在意大利华文教育的大海之中!演出活动取得圆满成功,时任帕多瓦市长赞农纳托评价道:"没想到一所中文学校,能让帕多瓦市民都动了起来。"

此后我更加致力于中意文化交流。在海外孔子学院蓬勃兴起之际,我于2009年参与筹建帕多瓦大学孔子学院的相关工作,并积极支持丈夫王福生博士出任意方院长。

为了能让自己在中意文化交流这条路上走得更远,我工作再忙再累,也从未放弃过学习。2004年,我回中国参

— 与学生们做活动

加全国博士生统一招生考试,并以第二名的成绩被湖北大学历史系录取。经过几年的努力和付出,我完成了学业,获得文化史博士学位。

2011年,我编写的介绍中国文化的书籍《认识中国》成为中国对外推荐图书,目前已经出版多种语言版本。

孟子的那句"爱人者,人恒爱之;敬人者,人恒敬之"是我的座右铭,让我终身受益。这一路走来虽踽踽而行,但我始终怀着一颗感恩之心办学,强调用爱去做教育。因为爱是教育的灵魂,没有爱就没有教育。意大利作家德·亚米契斯在《爱的教育》这本书中说:爱的力量是何等伟大，爱的教育是何等重要。我做过问卷调查，也做过多次家访，发现很多孩子因为语言或其他原因，在意大利学校融不进所在班级，甚至不愿去上学。而他们最快乐的事就是周末到中文学校学习，因为这里有他们的朋友，同学之间是平等的。随着年龄的增长，孩子们对自己的身份认同越来越清晰，因此越来越难以融入所在学校。到了高中阶段，有的学生不是辍学就是逃课，家长们既担心又无奈。

为了帮助这些孩子，我经常找他们谈心、和家长沟通，甚至到孩子们所在学校与他们的意大利老师谈话，最终一一打开孩子们的心结。孩子们转变了，家长们十分感激。

一次家长会上，一位家长说道："在国外，孩子们能遇到李老师是孩子们的福气，也是我们家长的福气。这些年李老师为我们的孩子付出太多了，我们应该给李老师鞠一个躬，向她表示感谢。"她的话音刚落，台下就响起热烈的掌声。全体家长起立，向我鞠躬致谢。刹那间，我的眼泪夺眶而出。人们常说，生命短暂，如能在有限的生命中奏出一曲感动生命的歌，人生将无憾。

我至今记得，那位发言家长的三个女儿都在金龙学校读书。夫妻二人在工厂打工，经济拮据。孩子们穿着一般，在学校常被同学们嘲笑。我在家访中了解情况后，就给孩子们添置了很多新衣服，也把我女儿的衣服送给她们。

人必有痴，而后有成

当年就读于金龙学校的孩子们如今已经长大，在世界各地读大学，或已参加工作。每逢假期，他们都会结伴来学校看我和其他老师。听他们讲一口流利的中文，看他们脸上挂着笑容和自信，我都会感到无比幸福和欣慰。

我相信每帮助一个学生，就是帮助一个家庭。在异国环境下的特殊教育经历使我萌生办一所国际学校的想法，即提供最优质的资源，让生活在意大利的孩子们接受最好的教育。在这所学校里，应该不分肤色、不分种族、人人平等、人人快乐，为孩子创造一个幸福的、快乐的成长家园，使家长放心、教师热爱。

四、古来青史谁不见，今见痴心胜古人

时节如流，随着社会的发展、时代的进步，华文教育慢慢地迎来了属于她的春天。2011年，我在世界华文教育大会上提出"华文教育今后向何处去"的议题。我认为必须走一条专业化和标准化之路。经过长时间的思考与酝酿，在"汉语热"的浪潮冲击和感召之下，我联合一批海内外有识之士，在中国驻米兰总领事馆与帕多瓦时任市长的支持下，于2013年创建了中意国际学校，开创了欧洲教育史上的先河。她作为欧美唯一全日制三语（意语、英语、汉语）寄宿制学校，完成了欧洲华文教育从传统到现代的重要转型。

—— 中意国际学校合影

我做的这件事情"前无古人",难度可想而知。光是为学校选址,我就动员了社会各种力量,前后花费三年时间。之后从装修校舍到布置细节,从招生报名到教师招聘,从社会宣传到真正开学,我都仔细考虑,亲力亲为。为了全身心投入到学校的建设和管理当中,我辞去了深爱的威尼斯大学教职。学校建成后,我便以校为家,多次捐献图书和教具,全天候守在学校,处理各种大小事宜。

中意国际学校采用的是一个全新的模式,没有可以借鉴的经验,全靠一点点摸索,困难重重,暑雨祁寒。

人必有痴，而后有成

  首先是师资力量与教师队伍的管理。我一直在寻找和我价值观念相同、教育理念一致，同时又具有教师资质和一定教学水平的教师。本校有几十个来自不同国家、不同文化背景的教师，起初有些教师不了解也不认同中国传统的教育理念。于是我就利用周末开办讲座，介绍中国的教师是既教书又育人的，以此培养他们的爱心、耐心与责任心。经过定期培训与长期培养，教师队伍渐趋稳定。

  其次是与华人家长的沟通。为了让家长了解孩子到学校不仅是学习知识，还要学习成为"世界公民"，我一次次召开家长座谈会。即使在疫情期间我也坚持做了四次"李校长谈教育"的公益讲座，使家庭和学校统一步调，让孩子在家里也能保持在学校养成的良好的生活、学习和行为习惯。

  最后，因为中意国际学校是一所具备公立资质的学校，必须按照意大利教育部大纲来执行教学计划，同时又必须符合学校的实际情况。为了融通中西方两种优秀的教学理念，我们努力让意教育部门认识到我们的教育方向是培养孩子，而不仅仅是传授知识。

  现实是此岸，理想是彼岸，中间隔着湍急的河流，行动则是架在川上的桥梁。学校的前期建设，就是这样一步步从煮驽为粮到现在的欣欣向荣。其中，耗尽了多少心血，付出了多少努力，恐怕只有经历过的人才能体会到。

五、宝剑锋从磨砺出,梅花香自苦寒来

隙穴之窥,终于在 2017 年,我促成意大利威尼托大区教育厅与国务院侨办文化司签署了海外华文教育合作备忘录。之后的每一年,我都会带着意大利校长团到中国访问,同时国内的名师也到意大利举办中华文化大乐园活动。届时,我们也会诚挚邀请威尼托各学校到中意国际学校参加相关活动。

尽管有了各方面的支持,可学校的生存依然是草行露宿,最大的难题是资金与生源的问题。由于办学之初资金有限,我们曾面临多次财务危机、举债累累。在紧要关头,我们得到国侨办、各省侨办及社会各界的极大帮助,还得到当地跨国公司的赞助,为学生争取到奖学金和助学金。

新型学校要吸引生源,就要利用一切机会来提升知名度。我们通过开放日、教育展和各种文化活动来扩大学校的影响力。学校现已形成文理兼备的完整基础教育体系,设有幼儿部、小学部、初中部和高中部。中意国际学校取得的成绩受到广泛关注,意大利电视台、瑞士电视台、凤凰卫视、中央电视台欧洲台、德国之声电台、梵蒂冈电台,意大利全国报刊和地方报刊都给予了报道。帕多瓦市长乔丹尼先生来校视察时高度赞誉:"中意国际学校是帕多瓦市的一颗明珠。"

———— 与帕多瓦市长乔达尼合影 ————

　　我几乎没有节假日，没有"自然醒"。常年超负荷的工作，也让我身心疲惫。一晃我已到花甲之年，看到身边的同龄人都已退休享受天伦之乐，有时也想过放弃。但责任与使命不允许我停下脚步，因为自己的教育理想还未完全实现，曹操的那句"烈士暮年，壮心不已"总是在耳畔回响。于是，我毅然决定不改初心与痴心，在意大利华文教育史上百尺竿头、更进一步。

尾声：路漫漫其修远兮，吾将上下而求索

回顾自己在意大利29年的历程，从家教到多所大学的教授，从公立大学到私立国际学校，从教师到学校管理者，从学者到职业经理人，我走出了一条布满荆棘而又铺满鲜花的道路。令我倍感欣慰的是，为中意文化交流做了一件很有意义的事情。多少个不眠之夜，当我抬头望向黎明的天空，总能看到启明星熠熠生辉。在我的办公室墙上，挂着北京侨联送给我的四个大字——追求卓越。我知道自己不够卓越，但我想把标准定得高一点，就离目标近一点。

宋代张栻诗云：

律回岁晚冰霜少，春到人间草木知。

便觉眼前生意满，东风吹水绿参差。

2020年2月5日，中意国际学校受帕多瓦市政府、帕多瓦志愿者服务中心邀请参加"欧洲志愿者之都——帕多瓦"启动仪式并向意大利总统献礼。在这样一个特别的时刻，我不是作为主角现身舞台，而是安然坐在台下，凝视着本校王诗怡同学代表帕多瓦市全体学生亲手向马塔雷拉总统先生敬献纪念品，并转达了中意国际学校全体师生的问候。总统先生非常开心，走过来与我亲切会谈。他握着我的手连续说了好多遍"谢谢"，感谢中意国际学校在文化交流与融合方面作出的卓越贡献。他的言辞温暖了我的心。

意大利总统玛塔雷拉（右一）到访中意国际学校

林语堂先生在《记纽约钓鱼》里的一句话令我时时回想，并时时参解："人生必有痴，而后有成，痴各不同，或痴于财，或痴于禄，或痴于情，或痴于渔。各行其是，皆无不可。"生活总归是给自己过的，如果自己不喜欢，活成别人眼中的"完美"又有什么意义呢？我清楚自己是一个追求完美的人，而我的完美人生就是所谓的"不忘初心，方得始终"吧。多年之后，我终于明白，一直为我撑起华文教育这个舞台的那片帆，就是那生生不息的爱，还有那追求卓越梦想的"痴"。

旅意中国留学生二三事

旅意学人协会创始会长,
全意学联第一、二届主席
夏涌奇

2020年是中意建交的"金婚"之年。"相知无远近,万里尚为邻"。丝绸之路如同一条友谊的纽带再一次将中国和意大利联结起来。2019年,两国签署"一带一路"合作谅解备忘录,开始续写友好合作新篇章。

中意文明同气相求

"同气相求"是中国古老的道家学说,用于中意关系尤为贴切。欧洲流传着一种调侃:意大利是欧洲的"中国"。中国人和意大利人最引以为傲的首先是两国的历史和文化。意大利的文化遗产占了西方的半壁江山,中国的五千年文明更不待说。中、意都有辉煌的历史!文明的血液在骨子里代代相传,不时向外散发出曾经的强大气场。再来看"民以食为天"的饮食文化,中意美食难道不是世界上代表东西方的最好饮食？"家"文化是中、意文明的另一重要特征。中国文化推崇多子多孙、几世同堂，即对"家"文化的高度认同，在西方唯有意大利与之最相近。此外，意大利人与中国人一样热情好客、乐于助人、彬彬有礼，还有点繁文缛节；意大利人爱面子虽不及中国人，也只在伯仲之间；最后，两个民族都有着享受生活和热爱和平的基因。

中意友谊源远流长

中意之间的友谊和文化交流可以上溯到马可·波罗时代甚至更久远的东汉时期。公元166年，古罗马大秦王安敦派使者至东汉洛阳，朝见汉桓帝。尽管关山重重，古丝绸之路硬是把同气相求的两个伟大文明联结起来。马可·波罗之后，意大利传教士利玛窦1601年到达北京时带去望远镜和世界地图，向中国传播西方天文、数学、地理、艺术等科学文化知识。同时将中国的《四书》译成拉丁文，第一次把中国的儒学经典呈现给西方世界。利玛窦是文化和精神意义上最伟大的汉学家。他把神父与学者、天主教徒与汉学家、意大利人和中国人的身份融汇在一起。他对中意、中西文化友好交流居功至伟，堪称丰碑和典范！

中国留学生联谊会

2005年马可·波罗计划实施之前,来意留学人员以公派为主。当时凡有中国留学生的意大利各大城市都成立了中国留学生联谊会(简称学联)。学联充当了中国留学生与使领馆和国内、与意大利社会和友人交流的桥梁。

旅意中国学人协会

20世纪90年代,中国改革开放大潮风起云涌,意大利的中国移民越来越多。由于新移民良莠不齐,中国人形象受到很大影响。所有在意中国人对这种现象忧心忡忡。在这种背景下,1997年,米兰的18位老留学生发起并在米兰市政府注册成立"旅意中国学人协会",宗旨是促进中意人民之间的文化、经济、技术交流与友好往来,促进华人融入当地社会。

协会是当时米兰乃至全意唯一以促进中意交流与友好往来为宗旨的中国毕业生团体。他们在各自领域为中意科技、经贸合作和文化交流,发挥了不可替代的作用。

中国留学生反哺见真情

感恩是中国和意大利文化的一个重要基因。2020年新冠疫情肆虐之时，意大利口罩奇缺。为感恩第二故乡，协会的老留学生费尽周折从国内搞到2万多只口罩捐献给米兰的切罗阿兰布罗和波拉特镇以及意大利的民防部等部门，市长为此举办了接收仪式。有的老留学生则向意大利修道院、医疗机构等捐口罩献爱心。20世纪90年代曾经在米兰学习过的10多位中国医生也向San Donato等医院捐赠了大批医用防护服和医用口罩。

全意大利中国学生学者联谊会

随着中国留学生与日俱增，2002年2月2日，全意大利中国学生学者联谊会（以下简称学联）在罗马成立。学联的宗旨是坚持爱国、民主、自强的精神，促进中意交流。学联创办了自己的门户网站（www.cssui.org）和电子杂志"旅意中国学人"。前者成为中国学子关注和点击最多的网站，后者则成为传递旅意学子们留学经验和亲身感受的电子月刊。

在各地学联和留学人员的努力下，全意学联在国内出版了《意大利留学指南》。该书是第一本也是迄今唯一一本集合各地学联和中国留学生经验、智慧的在意留学指南。

马可·波罗计划

在中意两国教育部门的共同努力下，2005年，马可·波罗计划正式实施，全意大利50多所国立大学参与到项目之中。通过马可·波罗计划来意留学的中国学子们已不计其数。饮水思源，我们怀念项目的创立、推动和实施者，也感谢为实施该计划贡献过力量的中意各界友人。

热情友好的意大利人民

意大利人是世界上最热情友好和富有同情心的民族之一。作为一个曾经获得过意大利友人无私帮助的中国留学生，我相信每个中国留学生都得到过意大利友人的热情帮助。

20世纪80年代的中国留学生尤其是米兰及意北部的留学生都不会忘记以德·马克教授为首的意友人的友情。德·马克教授是特伦托大学社会学学院创始人之一，也是意大利最早倡导与中国建立文化交流和最早写书介绍中国的人之一。在他的努力下，意大利人打开了一扇了解中国的窗口，他的学生和许多青年人也因此对中国产生兴趣和热爱。为增进中国留学生与意大利人民的友谊,他连续多年暑假组织中国学生免费到意海边、山上和湖边度假。还组织意大利人和中国学生开展各种联谊活动。当时,给米兰的中国留学生留下最深刻印象的意大利志愿者当属路易吉先生。他经常出资组织米兰的留学生参观各种名胜古迹,组织中国留学生和意大利友人举行联欢。路易吉和夫人对中国都有特殊感情。为促进两国之间的了解和交流,他本人一直到2010年去世之前每年都要义务组织意大利友人访问中国。如今德·马克教授和路易吉夫妇都已经离开人世,但他们对中意两国文化和友好交流的贡献、对中国留学生的帮助将永远铭记在我们心中!当时,热心帮助过中国留学生的还有意中友协的朱塞佩,以及毛乌里奇奥、达里奥等等。

中意文化交流的使者

新中国留学生来意始于20世纪60年代。前中国驻意大使程文栋,新中国第一本意汉词典的编纂者北外意大利语教授费慧茹、王焕宝等,中国驻米兰第一任总领事陈宝顺以及第六任总领事张利民等人都曾在那一时期来意留学。

1979年,中国向意派出第一批留学生,被称为中意"文化大使"的吕同六就是其中一员。吕教授是荣获意大利总统颁发的骑士勋章、爵士勋章和科学与文化金质奖章三大殊荣的唯一一位中国学者。意驻华大使在授勋仪式上说："意大利文学能够被中国人民了解，并获得越来越广泛的传播，很大程度上应归功于吕同六教授。"

原中央音乐学院声歌系主任、著名歌唱家黎信昌教授是1980年文化部第一批派遣到米兰威尔第音乐学院进修的中国留学生，1983年学成归国。数十年来，他培养的学生有15人次在多种国际声乐比赛中获金奖或第一名；9人次在国内比赛中获金奖或一等奖。

北京语言大学博士生导师、中国意大利语教学研究会常务副会长、中国意大利文学会理事赵秀英教授是1981年中国教育部派往威尼斯的留学生。她主编的《汉意意汉词典》是当今世界上规模最大、内容最新的意汉双向大辞典。她培养的中意学生如今已遍布中国和意大利。因其对中意文化交流的贡献，意外交部授予她荣誉勋章、意大利骑士勋章等殊荣。

获得"中国提琴制作大师"称号的郑荃教授是1983年文化部派往克雷莫纳学习提琴制作艺术的留学生。在国际比赛中获奖20余项、金牌4枚，其中，1987年在意大利帕维诺第一届国家提琴制作比赛中获小提琴金奖第一名。郑荃是第八、第九届全国政协委员，第十届全国人大常委会委员。

中国科学院院士、发展中国家科学院院士、中国科学院高能物理研究所所长王贻芳于1991年获得佛罗伦萨大学博士学位。因对粒子物理研究和促进意中科技合作所作出的突出贡献，2018年获意大利总统颁发的"意大利之星"的指挥官勋章。

驰名世界的意大利心血管专业也为中国培养了很多杰出专家，包括在国内享有盛名的北京安贞医院心脏外科主任医师教授黄方炯。黄于1992至1997年在米兰大学医学院进修心血管外科，深得意大利医术真传。是目前国内首屈一指、世界上心脏外科手术经验最丰富、技术最好的外科医生之一。

旅意学人协会创始会员陶军毕业于米兰大学医学院，1999年被中山大学作为人才引进。担任中大附属一院心内科教授、主任医师博士生导师，高血压血管病科主任、心血管医学部副主任等。担任10种国际SCI医学杂志特约审稿人和8种国家医学核心期刊编委。

在推动中意文化艺术交流的众多精英中，还有被誉为"世界第四男高音"、帕瓦罗蒂的关门弟子，日本友人称誉为"中国歌剧的骄傲"的戴玉强老师。

得益于中意文化沃土之孕育，当年的留学生大都成了各行业的专家和领军人物。他们为中意交流搭起一座

坚实的友谊之桥，为两国交流作出突出贡献！随着两国合作深入发展，校际交流越来越多。目前意大利12所大学与中国20所大学建立了校际交流关系的互换生已达6000多人，自费留学生则如雨后春笋。这些曾经在中、意学习生活过，沐浴过两国文化和友谊的留学生，定会把友谊的种子撒遍中国和意大利。当这些种子长成参天大树的时候，两国人民的友谊将长青不老！

积极融入、和谐共处

米兰前副议长、
侨民老朋友
斯特凡诺·迪·马蒂诺

15年来,我去了80多次中国。精彩纷呈且激动人心的旅途,引导我发现一个引人入胜的世界。我亲自拜访中国侨民朋友的家乡,率领米兰市政府代表团多次访华,参加2006年的"意大利文化年"、2008年的北京奥运会、2009年的米兰—上海结好30周年庆祝活动和2010年的上海世博会。

2008年,我很荣幸在北京被授予"中国人民友好大使"称号。多年来,我参与接待了访问意大利的多位中国国家主席、国务院总理、全国人大常委会委员长和数以百计的代表团。

保罗·萨尔皮路被称作米兰的华人街。我通过在华人街出生长大的埃马努埃拉·特洛伊斯博士结识很多中国朋友,开始对那里的事务感兴趣。随后我开始参与解决涉及华人街的各种问题,最初主要集中在当地批发贸易方面。

—— 2006年，米兰市安全会议合影（左三）——

　　我意识到这个问题逐渐变得棘手，它可能对当地意大利人和中国人混居共处产生深刻影响。此前，各方代表从未面对面沟通协调，因此我认为此时应组织一场会晤。我把侨社的代表召集到马里诺宫，让他们有机会与市政府主要官员和有关部门展开真正的沟通。

　　正是从这些举措中，诞生出一个更广泛、更明确的目标：不仅要考虑与贸易有关的问题，还要考虑包括文化、社会心理和福利等方方面面。由此，华人街走上了融合之路。

—— 2006年，米兰市安全会议（一排右三）——

得益于特洛伊斯的想法，在中国驻米兰总领事馆和米兰市政府一如既往的重要支持下，通过与当地部门建立联系，融合不断深入，包括卫生、文化、教育、安全、艺术等多个领域。

我们成立了意首家专门针对华人群体的求助中心。它采用一种全新的工作模式，与通常的社会服务机构不同。但它始终与其他服务机构互动、协作，相互促进，共同提高。

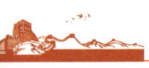
友谊的故事——纪念中意建交50周年文集

我们还在社区最流行的刊物中插入了一个双语版面，中国侨民能够从中获得有关城市事务、机构、便民设施等有用信息。如果仅有意大利语，很多人无法享受这些城市服务。此举同时还有助于传播意大利语。

为了解在意中国公民获得医疗服务的可能性和可行性，以及应如何创造机会让他们更便利地获得规范的医疗服务和药物指导，世界领先的研究机构马里奥·内格里药理研究所，受托对这个移民群体进行了首次社会学和流行病学调查。该调查后来得到世卫组织官方认可并出版。

地方卫生机构和米兰所有医院都参与其中，通过建立新的信息传播工具、联网和大规模共享，开设专门的诊所和装有医疗观察设备的接待区，惠及很多移民。

融合不仅由责任和需求组成，还包括分享、参与和节庆。

2005年春节时值昂布罗修狂欢节，我们在米兰大教堂广场举办了首场也是唯一一场盛大音乐会。现场约20万人参加，意大利电视台和中国中央电视台4套给予了重要支持和及时报道。

为庆祝中国农历新年，我们还组织了一场戴面具、穿民族服装、绚丽多彩的游行。游行队伍从华人街出发，向卡斯特罗广场行进，在途经大教堂广场时与来自威尼斯门的狂欢节彩车相遇。这象征着一场拥抱。

积极融入、和谐共处

事实证明，佳节可以共庆。遗憾的是，此后再也没那样一场大规模的活动了。

那次过节，我们还在普罗卡契尼路的蒸汽厂展览中心举办了一场盛大晚会，米兰市、伦巴第大区和侨社都参与活动，约400余人出席。最重要的是，米兰历史上首次，市长加布里耶·阿尔贝蒂尼戴着三色绶带参加了此场新年晚会，代表市政府向侨社送上新年祝福。

我们开始考虑在中国也举办各种活动。例如，时装周期间，在意大利驻华使馆和意大利对外贸易委员会的赞助下，开展了有史以来第一个意方资助的慈善活动。在米兰侨领的帮助下，资助了250名四川孤儿院的艾滋病儿童。

正因这场活动，特洛伊斯被中国官方颁予中国扶贫基金会荣誉证书，她非常自豪和感激。

从那一刻起，作为这个项目的主角，华人社区开始了融入米兰的新阶段。

企业家以及第二、三、四代年轻人逐渐走进公众视野，参与城市事务，与各类机构建立联系。但不同代际、不同祖籍地群体间也会出现矛盾。

融合在今天意味着什么？它不仅发生在米兰，而且是在全意大利；它不仅是政策导向，还是全球化浪潮下铁一

—— 参加慈善募捐活动（左三）

般的、不可或缺的事实。同时它也在努力解决自身出现的问题。

中意关系源远流长，近年来，这些出色的融合活动也为此贡献了力量。这些活动兴起于米兰，又像火一样蔓延到全意。

我相信这是米兰的骄傲，尤其还要感谢中国驻米兰总领事馆，它始终与侨社站在一起，让这一切成为可能。

积极融入、和谐共处

　　米兰侨社多年来的工作是重要且有效的，为加强与国家、大区、省、市各级机构关系所作出的努力功不可没。

　　正因为如此，今天她是融合得最好的外国人群体之一。

　　我还记得，2006年，我们在马里诺宫的阿莱西厅举办发布会，正式推出一本针对华裔公民的双语"城市安全法律法规"汇编。省督、警察局长、各机构负责人、中国驻米兰总领事、侨界代表和各协会负责人悉数出席。

　　当时侨社的发言人吴兴华博士非常激动，他深情地说，80年来，侨社终于迎来这一天。那一刻他感慨万千，中国侨胞扎根米兰，而马里诺宫就是全体米兰人和扎根米兰的中国人共同的家！

　　我没有忘记这些感人的话，它标志着米兰侨社与政府机构建立了良好的互动。

　　一段时间以来，有人批评侨社封闭和自给自足。

　　但就我个人经历来说，侨社虽然面临不少困难，却恰恰不像有人说的那样。

　　早在2007年，伦巴第华侨华人妇女会就给堂·科美涅慈善之家的受助者捐赠了超30万欧元的衣服、鞋子和配饰。

这样的捐赠还有很多,不分种族,给任何有需要的人送去真实的福利。

2014年,米兰侨社捐资维护米兰大教堂的组织"维南达大教堂作坊",协助尖顶修复。这说明侨社不受宗教影响,热爱这座城市,希望在城市的历史中扎根。

说起2020年的新冠疫情,中国志愿者每天都出现在小区和街上,向有需要的人捐赠口罩,并分发必需的防疫物资。对于医生、医院、红十字会、马耳他骑士团,以及强力部门如警察、宪兵、税警、交警和军事单位等等,这些防疫物资不可或缺,侨社为帮助到他们感到非常高兴并乐此不疲。

毫无疑问,这是来自中国驻米兰总领事馆、中国驻意各机构和整个华人群体的一条信息、一个善意、一次充满意义的行动。

我愿将这份真诚的兄弟般情谊分享给意大利人民,我为能参与其中感到非常自豪。

米兰侨界为推动
中意文化交流不遗余力

── 米兰华助中心主任 ──
周建煌

中国和意大利是东西方文明的代表,在人类文明发展史上作出了杰出的贡献。作为古罗马文明的发源地和文艺复兴的摇篮,意大利雄壮华美的历史古迹、文学艺术巨匠的恢宏杰作在中国广为人知。中意友好交往源远流长,早在2000年前,古老"丝绸之路"就让相隔万里的中国和古罗马联系在一起。

2020年是中意建交50周年。50年来,两国在政治、经济、科技、文化、贸易等领域都得到了快速发展。国之交在于民相亲,民相亲在于心相通。有着百年历史的旅意华侨华人,在推动中意友好、促进双边交流和合作过程中,发挥着不可或缺的积极作用,为推动中意文化交流谱写了一曲曲动人的篇章。

中意携手，相聚米兰

2005年2月12日，由米兰华侨华人工商会（以下简称米兰工商会）牵头并精心组织，米兰文成同乡会、旅意北部瑞安同乡会、中意商贸联合会、米兰华侨华人妇女会等侨团共同参与，与米兰市政府联合主办《相聚米兰》大型文艺演出。2月11日晚间，为了迎接远道而来的中国艺术家和华人代表，米兰市政府特地在华人街附近的蒸汽厂展览中心举行了有400多人参加的隆重宴会，米兰市长亲自出席并发表热情洋溢的讲话，对中国艺术团

—— 2012年2月7日，国侨办"四海同春"艺术团来米兰慰侨演出，米兰省督出席，与驻米兰总领事梁慧一起观看演出。

米兰侨界为推动中意文化交流不遗余力

的到来表示欢迎和感谢。

中国中央电视台此次派出了阵容强大的艺术团与意大利 10 位著名歌唱家在米兰大教堂广场同台演出,节目精彩,阵容强大。当晚可容纳 10 多万观众的广场被挤得水泄不通,场面异常壮观和火爆。中国著名京剧艺术家梅葆玖等和意大利艺术家倾情演绎,赢得台下观众阵阵喝彩。据米兰市政府透露,当晚现场观众达 12 万之众。意大利国家电视台和中国中央电视台现场录制并报道。这是中意文化交流史上一次空前而成功的合作,意义重大,影响深远。

舞龙舞狮,共庆佳节

1987 年 2 月,正值意大利狂欢节,米兰市政府特地邀请米兰工商会组织舞龙舞狮表演队到市中心大教堂广场表演,共同庆祝狂欢节。当时米兰只有一个侨团即米兰华侨华人工商会,时任会长胡守近先生接到通知后异常高兴,立即召集会员着手筹备工作。当时由于意大利华人还没有龙狮表演专业队伍,于是只得邀请荷兰华人龙狮队前来参加表演。

狂欢节那天,米兰大教堂广场人山人海,热闹非凡。中国驻意大利大使馆和驻米兰总领事馆对此次活动高度重视,时任杜功大使、陈宝顺总领事亲临现场指导。意大利

—— 2011年2月12日,米兰侨界与米兰市政府联合举办的"大型舞龙舞狮大巡游"在"duomo"广场表演,米兰市长莫拉蒂和驻米兰总领事梁慧亲自为龙狮点睛。——

众议院议长、米兰市长、米兰市政府议会议长等重要人物悉数出席并发表讲话,高度赞扬"中国龙"腾飞翻舞,为意大利节庆带来欢乐。这是旅意华人史上,"中国龙"首次在米兰大教堂广场表演,现场观众达10万之众,场面壮观,反响热烈。

据米兰工商会介绍，连续15年来，米兰侨界与米兰一区政府和八区政府于每年中国春节期间，在米兰华人街联合举办舞龙舞狮大巡游活动，吸引了数以万计的意大利民众前来观看。由此可见，当地市民对中国传统文化的浓厚兴趣和喜爱。2013年，米兰市政府还把舞龙舞狮活动列为固定节目，演出时间定在每年中国春节的第一个星期天，由米兰侨界举办，市政府支持。

对话协商，促进融入

如何切实维护广大侨胞的合法权益，最大限度地发挥侨团的应有作用，是每个侨团必须面对的课题和担负的任务。多年来，米兰工商会非常重视这项工作，努力维护广大侨胞的合法权益。1998年7月，由米兰工商会牵头，米兰华社就"华人生存与发展"的主题，与米兰市政府和议会举行座谈会。米兰市议会议长亲自出席并召集市警察局、文化局、工商局、卫生局等八大部门负责人参加，中国驻米兰总领事高存铭等出席。座谈会上大家就华人在米兰的就业、医疗、融入等问题进行深入的讨论和磋商。米兰侨界代表陈世甫会长把华人面临的问题和困难摆在桌面上，特别是中餐业受到不公平检查和处罚，影响华商企业正常发展。为此，要求米兰市政府和有关部门采取积极措施，杜绝歧视现象，一视同仁，体现公平竞争。经双方努力，会谈取得积极成果。

—— 米兰华侨华人工商会与米兰市议会的第一次对话 ——

总之，多年来米兰侨界充分利用自身优势，密切与当地政府和市民的沟通和联系，加深了解，消除隔阂，互相理解，互相尊重。

进入新世纪后，随着中国国力不断增强，加之华侨华人的勤劳创业，米兰侨界各项事业蒸蒸日上，社会地位不断提高，中意民间各种形式、不同层次的交流和合作日趋成熟。许多侨胞利用自己优势，积极融入当地社会，加深传统友谊，共谋事业发展。

一个华人家族的意大利故事

Uniontrade 贸易公司、
Kathay 食品公司主席
孙俊杰

孙子系家族在意大利的故事起始于数十年前。1960 年 4 月 22 日,孙明权的夫人陈玉华途经荷兰,首次来到了美丽的博洛尼亚与叔叔团聚。

开始融入很困难,因为几乎一无所有,不懂语言,缺少金钱,没有朋友。但事实证明,这个国家热情包容,充满机会,给人希望。

努力工作是融入的必然途径。随着皮具店在博洛尼亚开业,孙家的创业之旅开始了。

经过 15 年的经营,皮具店有了不错的基础。此时,孙家迎来了难得的机遇:应中国驻意大利大使馆之邀,在米兰开一家中餐馆。

长城饭店于 1975 年开业。这是中国大陆侨民在米兰经营的第一家中餐馆,也是孙家在餐饮领域创业的起点。

—— 长城饭店老照片 ——

多年来，长城饭店一直是受大众喜爱的热门餐馆。随着中意关系不断发展，来访的中国代表团也不断增多，餐馆曾接待过许多中国政要，如李瑞环（曾任全国政协主席）、朱镕基（曾任国务院总理）、荣毅仁（曾任国家副主席）、宋任穷（中共元老）。饭店也成为米兰侨胞感怀故乡和意大利人尝试中国美食的地方。

孙子系在孙家6个兄弟姐妹里排行最小。他4岁抵意，

在意接受良好教育,长大后掌管家族企业,曾任餐馆经理兼大厨。1985年,他抓住两国关系日益深化的契机,成立了一家从事食品进口和分销的公司China Trading,如今改名为Uniontrade,经营来自世界各地的不同食品,提供不同文化融合的方式。1989年,儿子俊杰出生后,孙子系又决定在米兰华人街开设食品杂货店Kathay。

这两家店面是华人群体在意经营历史最久的食品进口和杂货店。

1993年,孙子系凭借优秀的中文、意文和英文交流能

—— 孙俊杰

—— 孙子系（右二）与国侨办主任裘援平代表团合影 ——

力以及经营协调能力当选米兰华侨华人工商会会长，致力于促进侨社和意大利人民之间的交流交往，加强与意政治人物、企业家和媒体的沟通对话。任职期间，他还在米兰创办第一所中文儿童学校，以及第一所面向中国人的意大利成人学校，为华侨华人提高中文和意语水平，更好融入当地社会、促进民间友好合作作出贡献。

孙子系对侨社满怀责任感，同时通过广行慈善回报第二故乡。比如孙家向Vittoria非盈利协会捐款，帮助肿瘤患儿及其家庭。

一个华人家族的意大利故事

　　孙子系通过自身经历认识到，投资下一代是深度融入的重要保证。他支持儿子俊杰即在意第三代华人接受优良教育，先后攻读并完成米兰博科尼企业经济和管理和伦敦霍特国际商学院的国际商务硕士。

　　2019 年以来，孙俊杰接管的家族企业 Uniontrade 和 Kathay，拥有百余名员工，业务遍布意大利。公司里来自中国、意大利、日本、菲律宾和南美国家的多种族和谐相处。文化融合产生独特的协同效果，就像是"一带一路"中各国合作一样。

　　此外，他还是中意商联的理事会成员。中意商联是一批年轻中国侨商组成的协会，能筹调 5 亿欧元资金。协会经常举办向医院等方面捐赠的慈善活动，例如为米兰 Vittore Buzzi 儿童医院、尼瓜尔达医院、圣拉斐尔医院捐款，以及在新冠疫情期间捐赠防疫物资。

　　孙俊杰未来工作中面临的挑战是通过树立良好的企业形象提升在意侨社形象，同时能为更多的意大利家庭创造就业岗位，发挥不同国家和文化的优势。只有从不同的角度看世界，才能看到更好的风景。

　　孙俊杰认为中意关系非常重要，已切身感受到两种文化融合带来的成果。在体育、时尚、物流以及孙家熟悉的餐饮、酒店等领域蕴藏着无限商机。

今天中国人感到自豪的同时，也承担更多责任，孙氏家族深有体会。这就是为什么孙俊杰加大对才1岁的女儿、第四代华人孙青兰（意文名：阿西娅）的教育投入，以提升在意华人形象。

青兰对孙家有两个含义："从青田到米兰"、"青出于蓝而胜于蓝（世代相传）"。

50年的友谊，连接历史，通向未来

意中商联名誉主席
吴柏清

2020年是中意建交50周年。

中国人来意的移民潮可追溯到1926年。数百名浙江商人从法国和其他欧洲国家迁至意大利，其中许多人定居米兰的卡诺尼卡街。那里是被称为"园丁之乡"的城外社区，他们在那里开始生产和销售仿皮革制品和丝绸领带。但自二战后，意境内中国人数量有限。80年代中国改革开放初期，一些移民把国内亲人接来，在意首次出现成规模的中国移民。90年代至2000年前后，人数增至数十万。大部分来自中国浙江，主要是温州（瓯海、瑞安和文成地区）和丽水（青田地区）。

前期中国人来意主要是寻找工作和经商机会。从2010年开始，中国留学生迅速增多，尤其在米兰、都灵、罗马和佩鲁贾。此外在意建立分支机构的中国大型企业的白领和高管们也多了起来。

中国侨民与其他族群和谐共处,没有冲突。只是因经营方式差异等问题,有时会产生误解甚至局部紧张。比如2000年初的普拉托、2007年的米兰。如今,这些紧张关系已基本得到解决,尤其是在意大利北部。但一些存有偏见的报道容易让人产生一种印象,即中国人和意大利人非常不同,甚至不能相容。事实上,语言障碍是许多第一代中国移民无法克服的困难。但越来越多的二代移民在意出生、成长,不再受沟通语言的困扰,进而在自身双重文化背景下找到双方更多共同点。

例如,意大利人和中国人都是千年文明的继承人,都留下辉煌历史的许多重要特征。古罗马时期,犹太、希腊、罗马传统在整个地中海地区广泛传播并扎根,然后塑造了欧洲的思想和制度。就像历经2500年发展后,儒家传统仍然在中国根深蒂固。罗马法在几千年前就是先锋派,现在还如此重要,包括中国在内的许多国家将其视作法学典范。

历史上"文言文"(古汉语)作为统一的书写形式,被不同地域的中国人使用,保证了中国文化的连续性,提供了官方执政的重要工具。汉字经历3000多年的图形演变,至今仍然保留自身特点。汉字简化未影响其基本特征,简化的目的是在短短几年内促进90%以上的人学习文化。现代汉语已取代古汉语,但继承了大量古代语言文化遗产。

同样，拉丁语不仅是古罗马人的语言，而且是几个世纪里欧洲的共同语言，在中世纪学术研究和科学革命中有突出体现。尽管拉丁文已逐渐让位于法语、西班牙语、葡萄牙语和罗马尼亚语等同源欧洲语言，但以拉丁文撰写的古典文学留下的古代遗产，未随西罗马帝国崩溃而消逝。

儒家的"和谐大同"与古罗马人的"共和（公共利益）"相似。古罗马人的公共利益观念发展成为今天西方的公共伦理观念。与西方希腊罗马文化和意大利文艺复兴文化的影响相似，东方的中国文化和传统也具有深远影响。在韩国和日本，人们仍使用汉字、筷子。

古罗马人传承了他们的氏族或血统，就像中国在2000多年前就使用姓氏一样。当时使用姓氏的民族还很少，现在这种习俗已成为世界主流。因此，在两种文化中，家庭和孝道的地位突出。当今中意都面临人口老龄化，这一价值观更显重要。

在中国非常重视"关系"，在意大利也是如此。一个人或一个家庭逐步建立的关系对于其社会生活的成功至关重要，而在世界另一些地方就不甚关键。两种文化中的亲子关系都极为牢固，在意南部更为明显，二代、三代都被认为是近亲。

定居意大利的中国族裔深入了解她的迷人文化和历史，比如但丁、达·芬奇、伽利略或马可尼等代表人物。

意大利人马可·波罗、利玛窦等是西方认识中国的重要推动者。意大利与中国的相遇是伟大文明之间的相遇,带来了人类合作和进步的伟大机遇:一个尚待撰写的故事,我们每个人都可以且必须做主角。

回顾过去40年,可以说意大利华人的社会形象已经发生根本变化。中国人曾被视为来自贫穷落后的国家。当时大家认为中国贫穷落后;意大利华人工作努力,但不一定是优秀企业家;中国餐馆成本低、品质低。

2000年前后,人们认为中国人不仅勤奋而且精明,但营销产品低端,华人社区"封闭"。实际上华人社区从不封闭,与当地社会存在许多互动,只是无法有效地向外界讲述自己的故事。我的意大利朋友中,谁认识更多中国人,谁就更了解中国人热情好客。

得益于2008年北京奥运会和2010年上海世博会,中国向世界展示自己是日益重要的国家。她不仅生产价廉物美的玩具和衣服,还生产先进的机械和电子产品。在意华人不再被认为是来自贫穷落后的国家,而是业务上重要的人脉。

但是,华人社区中仍然缺乏与当地官方机构和民间社会有效沟通的机制,来促进双方相互了解。媒体中偏见和成见仍然不少,针对华人社区的虚假信息经常有意无意地扩散,开展对话迫不及待。

正是出于这种需要,由侨二代发起的各种协会诞生了。首先是意大利华裔协会和中意商联,然后是意籍华人青年会等协会,开始与意大利媒体和机构对话。人们再也不能说华人社区封闭、自给自足且沉默不语了。实际上这类声音也越来越少了。

我个人也积极参加在侨二代重要协会的活动。2013年值得铭记,中意商联在伦巴第行政法院关于反对限制米兰华人街经营条例的案件中胜诉。这项活动得到300位中国商人以及华人街几位意大利商人的支持,开启了华人社区与米兰官方机构和大众媒体对话的新阶段。在此之前,中国侨商有时遭遇选择性执法。

2015年也是关键时间,三个中国馆亮相米兰世博会(当时中国是唯一拥有三个馆的国家),惊艳了意大利。期间,大量中国公司到访米兰,无数普通百姓来意旅行,引发一波中国游客大潮。当时,中国驻米兰总领事馆作为官方代表,在众多侨团协会的支持下,接待了许多来自中国各地的代表团。

另一个关键节点是华裔公民参加2016年市政选举,促进了华人参与公众和政治生活。这种参与也促成了一系列倡议,其中就包括以何凤山命名的街道。何凤山是二战期间驻维也纳总领事,从纳粹手中救下数以千计的犹太人,被多国誉为"正义之士"和"中国的辛德勒"。

——何凤山路路牌——

最后给我留下深刻印象的是，2020年新冠疫情在中国暴发时华人社区强大的凝聚力。他们不仅捐款，还在很短时间内筹集防护用品如口罩和工作服，支援武汉和中国其他地区。他们的善举源自民间，也得到意官方支持。意暴发疫情后，华人社区又动员起来为第二故乡伸出援手。华人默默地向意大利朋友和邻居献出爱心，向地方政府、诊所和医院捐赠资金或防护物资。

一些无知的人曾认为华人是瘟疫的传播者，但来自意大利各阶层的善意没有缺席。事实表明，病毒不分种族，

抗疫需要合作。我们不能也不会忘记中意两国人民在困难时刻互相支持。

2月份意大利向中国空运援助物资。3月和4月，中国向意大利捐赠医疗用品并派出医务人员。友谊之花在两国间盛开，在意华人在温暖中前行。

中意建交50周年难忘历程，连接历史，通向未来。

心中的家

木兰集团 CEO
章琰悦

本世纪的关键词

"家",我相信是 21 世纪的关键词,也许从来都是。"家"是我们赖以生存同时又要积极挽救的星球;"家"是数百万来自战乱国家移民不再拥有的归宿;"家"也是我父母 20 世纪 90 年代离开的中国。而对今天的我来说,"家"既是我所爱的、出生和成长的美丽国度意大利,也是我父母的祖籍国中国。

2020 年是我的两个"家",意大利和中国建交 50 周年。历史上两国通过文化和经济交流建立了非正式联系。50 年前正式建立外交关系后,两国友谊更加牢固,今年暴发的新冠疫情期间,意大利对华支持和中国对意援助就是有力的证明。

50 周年是里程碑,为扩大政府合作注入新动力,为深化公司、学校、大学以及民间合作带来新机遇。

———— "家"概念图 ————

古老文明的传承

回顾历史,我的两个"家"在古时就紧密相连。意大利是欧洲最早与中国进行贸易的国家之一。丝绸之路将双方人民连结起来,马可·波罗、利玛窦和郎世宁等人推动开展密切的经济和文化交流。

中国和意大利是东西方文明的象征,是世界公认伟大的文化国度,目前拥有最多的世界文化遗产。文化交流促进了民间交流,也为今后加强合作打下了坚实基础。

新一代的未来

显然,我的父母一旦老去,将在中国或意大利度过最后的岁月。而我未来的孩子们对祖籍国的依恋肯定会比我更少,他们几乎感受不到自己与这片土地上的其他人有什么不同。

因此,如果说第一代移民是融合的开始,那么到第三代移民时融合已经完成。而我以及我的同伴们作为第二代移民,就是连接两种文化之间的桥梁。

交给我们第二代人的任务,就是促进友好往来、扩大共同利益、树立共同旗帜,以及共同庆祝建交50周年。

就个人而言,我一直努力地掌握两种文化的特质:中国人的谦和、保守、勤劳肯干;意大利人的热情、好客、善于社交。既努力、节俭、有活力,又冷静、阳光、真性情。我从两种文化中取长补短,建立良性循环,滋养我的灵魂,使自己成为一个特别的人。正如拉丁语诗人霍勒斯所说,"美德在中庸"。

"孔子"的新家

古老的故事说,只有回到起点时才能真正理解旅途的目的。今天,我领悟了我家人旅行的意义。

50

心中的家

—— 章琰悦 ——

即使是现在,我也时时在想"家"这个字。我问自己:我的家到底意味着什么?

对我而言,"家"是一座理想的城市,一边是斗兽场,一边是长城,毫不违和地共存在一起。

地平线不再是边界,而是与世界其他地方的交汇点。

意大利人对我说,"去跟文化深厚的人一起生活吧,以人为镜只会让你们受益。"

中国先祖也对我说,"我的家虽小,但窗户对着一个伟大而美好的世界。"

我们的中国：1967–2017[1]

意中协会创始人之一
安德烈·毛里齐

我对中国的一片热忱，源于我 50 年前第一次登陆那片热土睁开双眼时的激情。我最初认识中国是通过我的同乡：同样来自马切塔拉的利玛窦和朱塞佩·图奇。他们去过中国，曾在中国生活并爱上中国。我对中国及其文化的好奇、向往伴随我的一生。

我在中国度过的时光丰富了我的人生，打破了我对她原先的认知，同时留下了很多悬而未解的问题。在我看来，这种魅力与人类有史以来的未解之谜交织在一起。

我的中国、"中央之国"、"世界中心"，始于 1967 年 9 月 7 日。席卷中国甚至蔓延世界的"文化大革命"刚刚开始，西方国家也感到不安。骚乱、学生抗议、新的社会问题最终引发巴黎骚乱，连"驻德法军"也回国平乱。

---

[1] 2017 年 12 月 21 日演讲稿

—— 到访2010年上海世博会中国国家馆 ——

我和其他3名意大利人乘坐一架苏制图波列夫飞机从上海飞抵北京。那个小小的老式机场笼罩在漆黑的夜色中，只有大厅里灯火通明。许多脖子上戴着红领巾的孩子挥舞着意大利国旗，朝我们一行人欢呼。

他们让我们坐在一张长长的绿色沙发上，不久3名"红卫兵"收走我们的护照，直到我们返回香港前才交还。他们给了我们带姓名和照片的绿色证件，我们凭此能够在华停留。但只能去手册上写的地方，且要在相应位置盖上红色小章。我拿到了第一个红色印章，这是我在中国的第一个晚上！从罗马出发，途经卡拉奇来到这里，我花了整整6天！

这就是中国，1949年后最神秘的国家。人人都说起她，但实际上没有人确切知道这个国家内部正发生什么，这也是因为当时还没有用于国际联系的通信渠道。

出发时许多人担心我和我的同伴。但当我们到达时，发现这是最和平、平静与安全的国家。

我在中国的工作开始了。他们带我去化工部和贸促会，拿到在北京的长期居留资格。我先是住在北京的新侨饭店，尼克松总统访华后，我搬到远离市中心的友谊宾馆。那里是郊区，前身是苏联专家住的地方。我后来又搬到北京饭店7005室，在那里住了很多年。

一切都十分美丽、奇妙、令人着迷。无论是白天还是晚上，无论是男人、女人还是小孩，尤其是在公园和花园锻炼的老人们，每个人的端庄和自豪让我惊讶。他们都非常照顾我。我开始理解，对于中国人民、中国以及中国共产党而言，历史传承是多么重要，而老人是一个国家鲜活的记忆。

公交是当时唯一的公共交通工具。为了让更多人挤上公交车，乘客的脸不得不贴近车窗。除此之外还有数

量众多的自行车,像一道无边无际的人墙整齐地穿梭在长安街上,规规矩矩地停在每一个交通信号灯前。

在中国的那些年,我也有机会反观意大利。我们需要增加对中国的认识和了解,同时中国也需研究如何应对与本国国情不同的域外问题以及宣介自己。

一晃50年过去,我生命的三分之二都在那片热土上度过。那也是我25年前结婚的地方。

我对许多中国朋友充满感激。这些年来,他们有意无意地给我介绍中国,向我传播智慧,让我得以饱览中国历史文化的光辉,让我能够感受流传下来的古老文明的脉动。

中国的乡村

1967年11月,一个深秋的周日,我乘坐"红旗"轿车去北京北郊,沿着崎岖的道路行驶两个小时后到达路的尽头。

我的乡村之行有一名翻译陪同,头发梳成两条辫子让她的脸庞显得比实际年龄还年轻。农民的房屋用稻草色的砖砌成,随意点缀在高低不平的丘陵上。我们把车停在道路岔口,站在空地好奇地张望:住在那儿的人们应该挺幸福。大风干燥又刺骨,一个穿着军绿色棉大衣的农民领着几个人走来,微笑地朝我打招呼,给我指了指不远的住处。

一个女人站在门口打量我，一个小伙子在旁边忙碌着。爬过几级台阶后，一个不大的房间呈现在我眼前，摆满各种家具和农具。翻译的法语和意大利语都很好，经过简短交谈，我明白这既是卧室也是"公用"客厅，以满足各种生活需求。火炕白天用来喝茶晚上则变成睡床；被子平时整齐地叠放在一角，睡前再铺开。炕下的炭火用来为房屋和床铺保暖。一块粗布帘子将孩子的睡眠区与父母分开。在院子入口一侧，有一头牛和一头猪，它们住的空间和主人的一样大。我不禁想，这片土地上数百万人的生活条件与几个世纪前并没有太大不同。在门口道别时，一个场景吸引了我：一个女人在田里拉着犁缓慢前移，在她身后一个男人将犁头推进干燥坚硬的土里。这个男人向我透露，他家用来犁田的牛死了，只能辛苦妻子。我本想给他一些钱聊表心意，但他的话里带有一丝自豪，让我放弃了这个想法。我在其他地方从未见过这种男人的自豪，我为能有机会见识这样的场景感到高兴。

在警觉与魅力之间

半个世纪过去，中国发生了巨大变化。持续几十年的发展奇迹让这个国家跻身世界前列，以崭新的姿态成为第二大经济体，但农民还面临一些困难。

20世纪60年代末70年代初，只有巴基斯坦国际航空、瑞士航空等一两家航空公司有飞中国的航班，时而也有元首专机。第一架元首专机是1972年2月尼克松总统访华的飞机,然后是1975年底德国总理施密特乘坐的空军飞机,当时中国还没有足够的政治和经济影响。此后发生了很多事情,尤其是1976年10月"四人帮"倒台,1979年邓小平成功访美,以及邓小平将中国推向"四个现代化"。

中国人民的热情燃烧了起来,中国又开始繁荣、强大,像过去一样受世人尊敬。

今天的中国让外界产生一些警觉,但也展现强大的吸引力,这是为什么?也许是因为她很古老,但希腊也很古老;也许是因为她辽阔,但俄罗斯也辽阔;也许是因为她人口众多,但印度也是如此。也许是因为中国兼有这三样东西,或是存在某种神秘力量。这种力量也合理,因为在西方国家眼里,中国有一层神秘的面纱,像是梦中之国。中国还有另外两个特征,就其地理规模而言,是"像大陆一样的国家";就其千年文化而言,则是"对应世界文明的国家"。

法国汉学家维克托·塞加莱尼一个多世纪前到访中国。他曾说,只有在那片土地上才会完全迷失方向,特殊的语言是一个难以逾越的障碍。同时,仅有中国发展出一个不受西方影响、各方面都保留完好的先进文明,深入这个文明绝非易事。

50

语言尤其是书面语一直是统一中国人的"黏合剂",打上了中国人民特质和价值观的烙印。然而历史使我们不得不以一个中文词汇中没有的单词称呼中国(Cina),一如亚洲(Asia)之于亚洲人(asiatico),这两个地理词汇都源于欧洲中心主义。1949年后,中国的正式名称为"中华人民共和国"。"中国"一词最早出现在公元前6世纪的文献中,它由"中"(中央)和"国"(国家)两个字组成,当时指中国北方平原的各诸侯国。公元前221年帝国统一后,该术语用来指汉族人居住地,不包括蛮夷所处地。到了具有明显多民族和多文化特征的清朝,该词汇开始指帝国统治下的各民族。直到19世纪,"中国"一词才指代我们所说的中国。

在西方,Cina一词最早可追溯到1555年葡萄牙耶稣会探险家杜阿尔·巴博萨在英格兰出版的书里。在正式文书中,1689年的清俄《尼布楚条约》中首次出现该词。从词源学角度来看,Cina可能源于波斯语Chin,从梵文Cīna演变而来。根据另一个理论,Cina源于统一中国的秦朝。

1994-1995年,借着"西藏金银器"展,我成为第一个把这些展品带到欧洲(意大利米兰、威尼斯和罗马)的外国人。尽管受到达赖喇嘛侧近势力,以及一些媒体舆论的强烈反对,我还是设法在米兰市中心组织了这场宏大的主题展,让每个人都能看到那些文件和金器,看到中国在

友谊的故事——纪念中意建交50周年文集

那片非凡土地上行使神圣不可侵犯领土主权的证明。

在米兰大教堂广场举行开幕式那天晚上,我受到一些人的侮辱和冒犯,那些人有的至今还宣称自己是"中国的朋友"!

毕来德(Billeter)曾指出,中国发生过三次变化。那为什么我们很少听到她讲自己的过去、近代和现在呢?这是因为中国人内敛,更习惯默默工作,外人不易感受她千年文化、经济和历史的力量。这股力量在今天推出一个与她历史紧密相连的伟大倡议:"一带一路"。

中国近年来的转型迅速、深刻,令人很难想象她未来的轮廓。增长率、法律、城市概况和人口、人们的生活习惯,中国的一切都在快速变化,变革的动力席卷整个国家,不像上世纪六七十年代。

中国如今不断增加财富,鼓励进出口,但同时也尽其所能捍卫自己的价值观,也就是千年文明和社会主义经验交织形成的民族特征。

中国古老的过去

除了经济造诣、军事才能或政治艺术,睿智、深入人心且善于营造和谐被认为是好官员的主要品质。公元前2世纪的中国著名史学家司马迁指出,治国意味着选好官员,

意味着必须依托最优秀人的思想和情感。我认为，基于我在中国的岁月，今天仍然如此，因为执政党和政府知道如何选拔人才。

利玛窦是享誉中国的耶稣会士。明朝万历皇帝赏识科学胜过宗教（他与天子在同一个城市居住了9年，却从未能觐见）。利玛窦十分尊敬那些中国官员，认为他们有文化、敏感且聪明。利玛窦的崇拜是他直接接触的结果，也是中国任人唯贤的结果。遗憾的是，400多年过去了，至今，一些人还不理解直接接触、互尊互信是对华关系的基础。这也正是我与中国和中国人建立良好关系的基础。

古往今来，所有人都渴望同时享有稳定、幸福、平等。历史上人们对不稳定的担忧增强了中国共产党追求正义的信念。我认为，中国共产党是人与自然、人民与政府和谐相处的"自然投射"，在提高人民生活水平和与人民建立良好联系上取得了成功，其执政具有合法性。一个为人类进步作出巨大贡献的中国，在人民中培养了凝聚力和自豪感。中国共产党也高度重视海外侨民。在一些国家，侨社非常古老。而在另一些国家例如欧洲国家，侨社才建立不久。在任何地方，今天他们都不会带来公共秩序问题。融入经济的过程通常很快，只是仍存在一些和其他移民群体类似的问题没有解决，尤其是语言障碍。今天的中国已经完全融入世界，没有哪个国家（不仅是欧洲）认为华社是政治稳定的威胁。

友谊的故事——纪念中意建交50周年文集

中国与西方

利玛窦墓位于北京市委党校院内。墓地是纪念和怀念的地方,如果逝者是重要人物更为如此。该地是明朝皇帝捐给耶稣会士的,清朝也予以认可,尽管18世纪又驱逐了耶稣会士。在中国,宗教人士被看作哲学家、科学家、思想家、画家,而不是教会人士。

两个世纪后"文化大革命"爆发时,红卫兵侵犯了利玛窦墓,试图消除他在中国的痕迹。可以想象,当年轻的"造反派"发现墓穴空空如也时有多么惊讶。实际上早在65年前的1900年,愤怒的义和团已经摧毁了该墓地,包括利玛窦坟墓。

今天游客就算知道利玛窦墓和其他耶稣会士的墓都空无一物,仍会被这些石头遗迹的魅力震惊。回想一下,他穷尽一生,希望中国皇帝、整个中国能够皈依。他认为这将收获教廷的感恩,并得到天堂的归宿。尽管愿望未能实现,但他赢得了我们这些在世之人的感谢。实际上从那时起,虽有起伏,中国和西方(最初就是意大利)彼此认识,彼此关注,充满好奇。空荡荡的坟墓将我们带到一个遥远的、难以描述的、不同民族之间差异很大的年代。

利玛窦在中国遇到了佛教,但并没有好感;也碰到了道教,但觉得与天主教教旨不符。而对孔子的思想,他表

现出无比钦佩。对于来自马尔凯的利玛窦来说，中国人举行传统葬礼仪式没有任何问题。他的继任者们则认为这与天主教传统格格不入，是在中国传教的障碍。他死后，问题暴发了。从1630年开始，耶稣会与罗马教廷的关系逐渐破裂，加剧了中国人对天主教的反感。1715年，教皇克勉十一世颁布《自登基之日》的教宗通谕，禁止中国天主教徒举行儒家仪式。一直到1939年，庇护十二世接受利玛窦的立场，认可具有世俗价值的中国丧葬仪式。

利玛窦孤身一人，没有军队或财富的支持，仅凭自己的信仰就到达一个地理和文化上如此遥远的地方。他尝试先穿僧袍，再穿能凸显文人个性的儒装。他的才智受到朝廷的欢迎和赞赏——这可是"受命于天而驭诸国"的中国皇帝。他的故事是历史上的伟大篇章，再怎么纪念也不过分。

我想以这位老乡结尾，多年来在我漫长而孤独的中国旅途中，他一直与我做伴。由于工作原因，我曾乘坐时速60公里的火车前往中国，我的车厢与同伴分离。在浪漫的火车上，我花费数十小时，阅读大量关于中国历史、中国人民和伟大文化的书籍。

中国，那些年我的中国，已经难以辨识，但她以任何别国都没有的方式塑造了我。